U0922114

山东
宣传思想文化工作
案例选编

◎ 中共山东省委宣传部 编

山东人民出版社
全国百佳图书出版单位 国家一级出版社

图书在版编目（CIP）数据

山东宣传思想文化工作案例选编. 2015 / 中共山东省委宣传部编. -- 济南 ：山东人民出版社，2016.5
ISBN 978-7-209-09650-8

Ⅰ. ①山… Ⅱ. ①中… Ⅲ. ①思想政治教育－宣传工作－案例－山东省－2015 Ⅳ. ①D64

中国版本图书馆CIP数据核字(2016)第102233号

山东宣传思想文化工作案例选编(2015)
中共山东省委宣传部　编

主管部门　山东出版传媒股份有限公司
出版发行　山东人民出版社
社　　址　济南市胜利大街39号
邮　　编　250001
电　　话　总编室（0531）82098914
　　　　　市场部（0531）82098027
网　　址　http://www.sd-book.com.cn
印　　装　山东华立印务有限公司
经　　销　新华书店

规　　格　32开（169mm×239mm）
印　　张　16.25
字　　数　190千字
版　　次　2016年5月第1版
印　　次　2016年5月第1次
ISBN 978-7-209-09650-8
定　　价　40.00元

目 录

融媒体:正能量的激发者和传播者

引　言

2015 年夏天的泉城，收获了太多的温情与感动。当 K52 路公交车见义勇为英雄群体还被人们津津乐道的时候，又一个英雄群体悄然呈现在人们面前，这就是由义务献血者、医护人员、媒体从业人员等近千人组成的济南市 8·5 献血救治先进群体。

一名产妇在生产中突发“羊水栓塞”大出血，命悬一线。危急关头，互不相识的“陌生人”，从四面八方走到了一起，为了拯救一条垂危的生命，用热血和爱心，用大义和担当，合力谱写出一曲“拯救生命，爱心传递”的大爱之歌。很多外地媒体感叹：“济南人的血是热的!”“生活在这样的城市，幸福!”“济南这座城市，不仅有文化的深度，更有人性的温度!”一时间，正能量的洪流在泉城人心中激荡，大爱泉城赢得了无数人的点赞……

从“AB 型血告急”，到短短 6 个小时市民“跑步献血”5. 49 万毫升；从病情突发九死一生，到病人得救母子平安。生命的奇迹是如何创造的？人间的大爱是如何激发的？

“AB 型血告急”，一条消息牵动了泉城人的心

2015 年 8 月 5 日 15 时 13 分，济南市妇幼保健院，一名 29

岁产妇正在进行剖腹产手术。突然产妇感到恶心头晕，接着意识丧失，血压骤降、呼吸暂停，经紧急抢救，病人暂时脱离危险。但半小时后，切口创面出血，手术医师缝扎止血无效。这时化验室也发出危急值报告：发病5分钟凝血4项结果全部异常！产妇“羊水栓塞”确诊！“羊水栓塞”是发生率极低（4~6/10万人）、死亡率很高（80%以上）的突发性疾病，病情凶险，曾有人将其比喻为“恶魔的抽签”。

市妇幼保健院立即组成30多人的抢救团队，进行子宫切除手术。16时05分，手术开始。术中病人大量出血，血压难以维持，生命垂危。16时16分，妇幼保健院向济南市血液供保中心紧急求援，急调6200毫升AB型血液和血制品。17时08分，再次急调3400毫升。17时27分，第3次急调4200毫升。AB血型在人群中只占10%，加之正值盛夏献血淡季，济南市血保中心AB型血库存告急。没有血源，就意味着病人抢救失败！17时15分，血保中心向济南人民广播电台、济南电视台、济南时报发出紧急求助信息，号召广大市民献血救人。

正在值班的济南时报卫生新闻部负责人迅速意识到事情的危急，他一边采访确认，一边用手机与时报新媒体沟通。很快，一条29岁产妇急需AB型血的消息在济南时报新闻客户端“时时”发出，济南时报网，济南时报新浪微博紧接着刊发，同时他在微信朋友圈进行了转发。

17时20分，济南人民广播员电台106.6频道、济南电视台生活频道紧急插播求助信息。17时30分，济南人民广播电台新闻频道《天天说事》、济南电视台生活频道《交通进行时》开始直播事件进展状况，并联手各自新媒体平台将产妇求救消息播出。济南电视台新闻节目、都市频道等大密度编发滚动字幕，电视《都市新女报》、广播《8点聊天室》等多档节目接续播出相关消息。紧急救援信息在微信朋友圈和微博上也不断传播、发酵，越来越多市民得知产妇紧急求助的信息。一时间，“产妇大出血，急需 AB 型血”的信息在济南街道巷尾迅速传播，病人的安危一下子揪住了 700 万泉城人民的心。

“跑步献血”，爱心创造了生命奇迹

求助消息迅速引爆了泉城人的爱心。消息播出不到 1 分钟，就有市民打电话到血液供保中心咨询确认。刚过 5 分钟，济南市历下区人民医院的一名职工就赶到了血液中心，经过体检化验，他成为第一个成功献血的市民。

17 时 30 分后，紧急献血电话开始不断涌入：“您好，刚刚听到产妇急需 AB 型血的广播，我是 AB 型，孩子刚 8 个月，我能献血吗?”“刚刚看到微信，我是 AB 型，从哪条路走最快?”“我今年刚 60 岁，还能献吗?”数千个电话一时打爆了 3 部献血热线。

正在下班路上的爱心人士，正在吃饭的爱心人士，吃过晚饭正在散步的爱心人士，听到消息后都匆匆赶往济南血液供保中心，甚至还有从章丘、长清、平阴等市郊偏远县打车赶来的爱心人士。

18 时左右，爱心市民陆续赶到开始献血。18 时 30 分，血液中心门前的经六路已经走不动了，献血屋里人满了，又排到了大街上。中心紧急增设两个采血点，调来三辆采血车，开启多个临时采血窗口。血液中心已下班的工作人员闻讯后迅速赶回单位，一名职工接孩子途中路过单位，安顿好孩子马上投入工作，和她一起接孩子的交警丈夫，也留在现场维持秩序。

济南第七中学一名教师正准备吃晚饭，看到济南电视台求助字幕后对丈夫说：“我是 AB 型血，咱别吃饭了，人家产妇等着血救命呐。”丈夫放下手中的碗筷，二话没说，拿起车钥匙就奔出门外。临出门时孩子跑过来说：“妈妈，路上注意安全。”19时30分，到达血液中心；21时，300毫升殷红的鲜血从她体内抽出。

一名出租车驾驶员听到求助消息时正在路上开车，他立即给妻子打电话：“我刚听到广播，有个产妇生孩子羊水栓塞，你不是AB型吗？赶紧去献血吧！”他妻子说：“我带着孩子呢，时间紧，你快点来接我们吧。”他马上开车接上妻子孩子往血站赶。“我媳妇是AB型的，我是B型的，我也献了，留着给别人用，能救个人也值了。”

一位清瘦的女孩体重刚够50公斤，按照规定一次献血不能超过200毫升，采血护士心疼她太瘦，劝她少献点。但她坚决地说：“别看我瘦，我身体很棒，没事，你抽吧！”

众多献血者中，有67岁的长者，也有20多岁的年轻人；有医护工作者，也有在校大学生；有家在附近的居民，也有驱车数十公里赶来的夫妇。为了一个共同的目标，爱心使他们相聚在一起。还有很多默默无闻的人也参与其中：20时30分，市中交警大队的4名交警前来疏导交通维持秩序，为爱心市民顺利献血提供交通保障；市血液中心的53名工作人员全力以赴提供服务，他们一直工作到次日凌晨3点；还有一位出租车司机自己献完血后，把车停在血液中心门口，说：“谁献完血我免费送他回家。”

到23时30分，600余名泉城市民为抢救素不相识的外地产妇“跑步献血”，共有152名符合条件的市民无偿献血5.49万毫升。经过5个多小时的抢救，患者病情趋于稳定，被转到重症监护室，在手术室外焦急等待的家属喜极而泣。产妇得救的消息传来，献血现场的人群欢呼起来，许多人激动得流下了热泪。8月5日，本是一个平凡的日子，但因美丽泉城上演了一曲“生命拯救、爱心传递”的大爱之歌，从此变得与众不同！泉城人用助人为乐、勇于担当的大爱创造了一个生命的奇迹！

“8·5献血救治群体” 正能量温暖了一座城

8月5日晚上，济南电视台新闻中心出动3路记者并配备卫星直播车，对市民“跑步献血”、医护人员救人情况作了全面采访。21时30分，电视新闻频道《今晚20分》进行了长时间连线现场直播，让市民及时了解事态进展。

8月6日，济南时报以《大家怎么都在朋友圈跑步，原来是去献AB型血救产妇》为题，图文并茂地报道了“600市民跑步献血救产妇”的过程，并同时发上新媒体平台；济南人民广播电台、济南电视台各主要新闻节目、民生节目和多档专业节目及其微博、微信、客户端，都以不同形式报道了这一事件，“跑步献血”迅速成为全城最热议的话题。

山东各大新闻媒体和网站，以及人民网、新华网、央视国际、中国青年报、解放日报等知名媒体和新浪、搜狐等商业网站的PC端、移动端转发了这条新闻，立即吸引了全社会的广泛关注。很多外地网民留言：“为济南市民点赞！温暖的泉城！”“有困难大家都伸手帮一把，换来的就是两条鲜活的生命！”中宣部新闻局在8月11日的《新闻阅评》中指出：“一则600市民为抢救一产妇‘跑步献血’的新闻，传遍济南全市，涉及山东内外，向社会传递了强大的正能量。”

济南市委主要负责同志也为“8·5献血救治群体”点赞，称其为“全国文明城市创建过程中，广大市民展现文明素质的生动典范”，“在关键时刻，我们的主流媒体通过主渠道传播主流社会价值观，这值得表扬！”

8月18日，济南市文明委授予“8·5献血救治群体”共169人“济南好人”荣誉称号，济南市属媒体济南日报、济南时报、济南电台、济南电视台全文刊发了人员名单，向爱心人士致敬。

8月19日，由济南市文明委组织的大型“生命拯救爱涌泉城——济南市8·5献血救治群体”交流互动活动在龙奥大厦举行，济南市领导会见了献血救治群体代表。活动现场，无偿献血人员、医护人员、新闻媒体、热心市民、在校大学生等代表和专家学者、患者家属先后发言，亲身讲述当时的感人情景，讲述这一事件引发的思考和蕴含的价值，全市道德模范、身边好人向社会发出了“争做文明使者，建设现代泉城”的倡议书，号召全体市民向“8·5献血救治群体”学习，争做文明风尚的示范者、服务群众的志愿者。济南网络广播电视台、舜网、济南文明网、无线济南手机台客户端进行网络视频直播，并现场接受志愿者献血报名。主持人分4次实时公布献血志愿者报名人数和微信、微博留言点赞情况，场内场外实时交流互动，在线观看直播观众41万人次，点击阅读量40万人次，2个报名通道现场实现献血志愿者报名3485人。

8月20日，“8·5献血救治群体”再次成为各级各类媒体关注的焦点。济南日报、济南时报、济南人民广播电台、济南电视台、都市女报等济南主流媒体，运用消息、通讯、特写、评论、访谈等形式，对活动情况进行了全面持续报道，8·5“生命拯救爱涌泉城”的正能量得到进一步弘扬。

启示与思考

1. 新闻媒体要勇于承担社会责任。一个时期以来，个别新闻媒体、商业网站一味追求收听收视率、点击率、发行量，刊发信息中充斥不少负面内容，侵蚀着舆论环境和社会风气，也殃及社会对媒体的信任。新闻媒体作为“社会公器”，除了宣传党和政府的声音、通达社情民意之外，还肩负着传播正能量、弘扬真善美的社会责任。“8·5献血救治群体”这一新闻事件表明，新闻媒体唯有坚持正确的舆论导向，积极承担履行好社会职责，其传播力公信力才有坚实的根基，才能赢得人民群众的信任，才能树立自身良好的社会形象。

2. **全媒体传播是现代传播的趋势**。传统媒体具有权威、全面、深入和公信力强的优势，代表社会主流声音；互联网新媒体特别是移动客户端，深受年轻一代欢迎。“跑步献血”事件中，济南的传统媒体借助新媒体平台实现了主流舆论的快速传播，新媒体借助传统媒体提升了内容品质，双方实现了“共赢”。事件表明，媒体融合为当前信息传播带来了革命性变化，也为媒体发展产生了深远影响。充分认识、抓住用好媒体融合发展历史机遇，加快构建全媒体传播体系，对提高新闻舆论传播力意义重大，也有利于紧急情况下的信息发布、社会动员和防震减灾等工作。

3. **建设核心价值观须在情感认同上下功夫**。“跑步献血”事件，首先由媒体发力促成，市文明委及时跟进进行表彰和宣传，推动事件持续发酵，扩大事件影响力，促进传播正能量。整个事件的激发、传播和发酵过程，注意以情感人、以情动人，深深打动了泉城人的心，温暖了整座城市，让人们在感动之余增加了对正能量的认知认同。事件证明，社会主义核心价值观建设，必须在落实落细落小上下功夫，在以情感人以情动人上做文章，使之真正扎根到普通百姓的内心，让人们在潜移默化中受教育，在情感交融中见行动。

“百姓微课堂”:居民身边的课堂

引　言

走进青岛市李沧区的大小社区，人们常会被这样一种现象所吸引，居民们从幢幢高楼中走出，来到某一个居民家中或是社区一角，或议国家大事，或学政策法规，或谈家风传承，或论兴趣爱好，气氛热烈颇受居民们欢迎。这就是自2014年创建的“百姓微课堂”。“百姓微课堂”是青岛市李沧区为破解新时期理论宣讲难题而尝试建立的一种崭新模式。自建立以来，迅速发展壮大，影响力不断增强，被居民们亲切地称之为“建在自己身边的课堂”。

顺应民意:“板凳课堂”嬗变成“百姓微课堂”

近几年来，李沧区进行了大规模的旧城旧村改造，实现了由城乡结合部向中心城区的跨越式发展，原有的城乡二元结构被打破，老城区也面临着城市功能再造，城区东、中、西部发展不均衡，进而衍生出的民生所急、所需、所想也千差万别。

在李沧区东部，以举办2014青岛世园会为契机，20多个村庄实施了改造，数以万计的居民由“村民”变为“市民”。“居住环境变了，生活水平提高了，日常生活习惯也发生了改变，我们也想过‘城里人’一样的生活。”这曾是不少旧村改造回迁居民的心声。在李沧区中部，以集市为中心的传统生活模式被商圈经济、楼宇经济所替代，大量外来人口蜂拥而至，原有“一呼百应”家长制的管理模式，在大量陌生面孔面前已显得不合时宜，而外来人口从内心有着融入城市生活的迫切希望。在李沧区西部，借势青岛铁路北站建设，老旧工厂宿舍、老旧单位集体公寓拆迁，家属大院式的社会结构被打破，钢筋水泥混凝土和防盗门的坚硬外壳，逐渐禁锢着城市人的内心，也割裂了邻里之间长久以来的守望相助，原先的“熟人社会”变为“猫眼距离”，居民们常常怀念过去“远亲不如近邻”的邻里和睦关系，期待打破这种“一道门隔断了邻里情”的现状。

不同的区域发展模式，不同的工作生活方式，不同的群众需求，对基层理论宣传工作提出了新的挑战，把“千人”当作“一面”，一本教材、一个模式走天下的时代已经一去不复返，构建一种党的理论宣讲、政府政策宣传与百姓利益诉求反映的新渠道，解决不同群体的多样化需求，已经刻不容缓。

如何打造一个真正“走”进百姓家中、“说”到百姓心坎里的有效载体，李沧区一直在不断探索实践，可破解的局面一直没有打开。

为什么非要重新创造？为什么不能整合现有资源？这时“板凳课堂”进入了李沧区决策者的视野。“板凳课堂”，就是由社区居民自发组织，区、街道、社区三级提供服务指导，将课堂搬到广场上，放在楼院间，组织党员群众坐着板凳听讲座。李沧区有着“板凳课堂”的优良传统和基础，多年来一直深受党员群众的喜爱。可是，近年来由于缺师资力量、缺学习资料、缺实践指导，正面临着“断炊”的可能。李沧区委宣传部进行了深入调研发现，只要整合师资力量、资料优势，只要加以指导，结合新的发展形势，完全可以为“板凳课堂”提供“粮食”，促其嬗变成新的理论宣传课堂。这样的课堂灵活多样，可以大小不限，并受当下“微”字流行的启发，就命名为“百姓微课堂”。

思路一打开，说干就干。2014 年 8 月，第一场“百姓微课堂”在李村街道玉清宫第一社区开讲。一位参加了“百姓微课堂”的成员在笔记本上写下了这样的体会：感觉特别温馨、实在，就像是回到了过去农村的炕头学习小组。一位有 48 年党龄的党员给出这样的评价：“我家客厅变成小课堂，国事家事天下事大家讲。”

“百姓微课堂”的成功创建，使理论创新成果有效惠及到普通民众，为深入推进理论宣讲大众化、通俗化起到了强有力的探索和示范效应。李沧区顺势为每个“百姓微课堂”安装上理论学习架，免费发放党报党刊，确定每月组织两次主题活动，由授课人根据群众需求开展专题授课。短短一年的时间，在自发自愿的基础上，李沧区 11 个街道 82 个社区，共建立起 230 多个“百姓微课堂”。

凝心聚力：“微课堂”做出“大文章”

“百姓微课堂”的“微”表现在：学习主体“微”，参与者均是普通百姓，授课人即使是享有名望的专家学者也以社区居民的身份参与活动；组织范围“微”，每个课堂少则三五人，多则十几人；学习场地“微”，课堂不是在居民客厅、书房，就是在社区的广场、角落；学习形式“微”，借助新媒体，形成“微信学习圈”，吸引年轻人参与；课堂话题“微”，每一次课都是从小话题、身边事开始讲起。

“百姓微课堂”之所以在社区“一呼百应”，是因为从授课主体、授课内容、授课方式等方面探索出一套适合实际的运行体系。

谁来讲——人人都是宣讲员。"百姓微课堂"授课人不再仅仅局限于机关工作人员和专家学者，而是"谁适合就由谁来讲"。各社区授课人原则上都从本社区内挑选，授课内容也由他们根据自身所长自行准备，并由街道把关试听后上岗。特别优秀的，由街道组织集中巡回授课。课堂上没有讲台，只有街坊邻居围坐一起，没有老师和学生之分，只有平等地交流讨论。授课人在宣讲时，说的是百姓话，讲的是百姓理，拉的是百姓呱，尽可能缩短宣讲人员与受众之间的距离。

为保证授课人有较高理论水平，李沧区邀请专家学者，从宣讲内容到讲题选择，从宣讲形式到讲述技巧，采取多种形式对挑选出的授课人加强培训，提高了授课人的宣讲水平。

玉清宫一路社区一名六十多岁的志愿者，一直在青岛火车北站"雷锋驿站"担任站长，无论刮风下雨，每天都要在志愿服务岗位上认真工作 12 个小时。听说"百姓微课堂"活动后，他主动要求参加，通过自身的实际经历，阐述志愿服务理念，讲述个人心得体会，引领居民也积极投身到志愿服务中去。

少山路社区居民李某是从部队疗养院退休的内科医生，她把尘封多年的专业书籍翻出来，又让孙子在互联网上查了些相关资料，花了好几个晚上的时间，准备了一堂老年人健康养生的讲座。她说："把自己几十年的经验通过这个课堂，教给自己身边的老邻居，让大家身体倍棒，不仅自己高高兴兴的，也给子女减轻负担。"

为解决宣讲专业性前沿性不强的问题，李沧区调动辖区内党校老师、医生、律师等资源组建"李沧宣讲团"，定期征集基层群众关心的话题，由社区逐级上报，组织宣讲团成员深入基层，开展宣讲。同时，高度重视授课人的选拔和培训，利用"悦读悦心大讲堂"、基层宣传骨干培训班等方式，采取"区级、街道、社区"大课培训或小课梯次培训等形式，提升授课人的政治素养，并结合青岛市关于对百姓宣讲要坚决沉到基层一线的相关要求，将很多一线的社区党员骨干选进了宣讲队伍。

讲什么——事事具有亲和力。百姓需要什么就讲什么，但不是随意讲，更不是胡乱讲。授课人必须既要把握好宣讲的正确方向，也要把握好讲题的百姓关注度，让宣讲更具亲和力。“百姓微课堂”一改过去“从上而下”“我讲你听”的授课方式，注重从群众普遍关心的国家大事、迫切需要解决的热点难点和大家共同感兴趣的社会生活话题中精选讲题。把住房、就业、教育、医疗、生态环境、食品安全等与群众利益密切相关的内容纳入到课堂中，授课人以理性、务实的心态讲清“怎么看”“怎么办”“办得怎么样”，鲜明有力地传播党和政府的声音，宣传党和政府的惠民政策，回应和解决群众关心、关注的问题。

在虎山路街道百通馨苑社区的“百姓微课堂”上，授课人以“十三五”规划建议中提到的“加强和创新社会治理”为主题进行的宣讲中，社区居民反映部分开放式社区治安存在问题，并提出了楼院治理的相关建议。虎山路街道了解情况后，经过调研，决定为开放式社区聘请治安巡逻队伍，并安装技防设施。李村街道根据居民在“百姓微课堂”上提出的建议，投资创建街道“幸福家园”新市民活动基地，为辖区外来务工人员提供学习、教育、文化、休闲、娱乐和健身场所。

怎么讲——种种载体皆可用。随着信息传播技术发展，人们的选择日益多元化，获取知识的渠道多、差异大。面向大众增强科学理论的渗透力和影响力，必须进一步丰富活动载体。因此，李沧区充分利用互联网优势，将“互联网＋”与理论宣传普及工作紧密结合，用新媒体来推动这项工作的深入开展，主动占领网络阵地，填补受众覆盖面的空白。官方微博“李沧发布”、官方微信“微李沧”，积极探索宣传内容，创新表达方式，已成为李沧区理论宣传普及工作向基层延伸的重要平台，阅读转发量不断增高，微信和微博粉丝量已达31万。各街道各部门也纷纷建立官方微博和微信公众号，其中，教体局“李沧教育”、永年路社区“民需我为”等公众号已在居民中颇具影响力。与此同时，将区文新局、妇联、科协等多部门策划的文化大讲堂、幸福大讲堂、科普大讲堂等一系列专题讲座，纳入“百姓微课堂”。目前，精心设计推出了“十三五”规划建议解读、医疗政策解读、社保政策解读、卫生常识、法律常识等专题，已开讲126场次。

有30多年党龄的一位居民是“百姓微课堂”的常客。“百姓微课堂”将志同道合的邻居们聚在一起畅所欲言，让她十分高兴：“一些老邻居将党和国家的‘大道理’变成咱们老百姓喜欢听的‘大白话’，一听就能懂。而且咱们都是自愿组成这个学习小组，有什么就说什么，真挺好。”

不止于“微”：“百姓微课堂”的衍生效应

效应一：助推“村民”变“市民”工程得以顺利展开。在城镇化进程中，居住环境发生了脱胎换骨的变化，从“村民”变为“市民”的广大居民也在面临着改变生活习惯的“洗礼”。在他们主动思变、图变的同时，也迫切希望借助外力迅速提升适应能力。“百姓微课堂”给居民提供了一处想听、爱听、听得懂的场所，在这里，不少居民关心或者不明白的事情，在“微课堂”的聊天中得到了答案。“百姓微课堂”潜移默化地起到了熏陶作用，居民在价值观念、行为方式、文明素养等方面逐渐与环境相协调、与发展相同步。

效应二：惠民政策传到千家万户得以提速。居民与政策间的信息不对称，是基层工作急需破解的一道难题，而“百姓微课堂”成功解决了这一难题，主讲成员也成为了社区管理者的“左膀右臂”。百通馨苑社区负责人就从中尝到了甜头：在没有

“百姓微课堂”以前，社区学习理论政策或传达会议精神，大多是让为数不多的社区工作人员集中发放宣传材料。有位居民第一次参加“百姓微课堂”学习讨论，就有这样的感受：“这一形式捅顺了‘堵’在路上的不少惠民政策，让咱更明白国家的好方针、好政策。”

效应三：守望相助的养老之风得以延伸。随着家庭小型化趋势、劳动力流动性增强等诸多因素的影响，老年人对家庭成员依赖程度主观上的增强与客观上的弱化形成了鲜明的对比，空巢、独居老人问题在社区日益凸显。“百姓微课堂”在召集学习的同时，又承担起邻里守望的责任。以沧口街道为例，60 岁以上老人占到整个李沧区的 1/4，身体状况等原因限制了老年人交往活动的范围，影响了老年人的幸福感和身体、心理健康。而分布在社区楼院的“百姓微课堂”，形成了一张邻里互助养老的网络，距离自己家几步远的“百姓微课堂”，成为空巢、独居老人交流的“据点”，老人们彼此之间相互帮扶与慰藉。借助“百姓微课堂”这一载体，一批理论水平高、愿意参与社区事务的退休干部找到了发挥余热的平台，也充实了社区理论学习队伍的力量，可谓一举多得。

效应四：改善邻里关系创新社区管理得以加强。在城市里，人们常说邻里之间的关系是“猫眼距离”，“微课堂”就是打破“猫眼距离”的纽带，让居民彼此认识、熟悉，成为社会组织中的“微单元”，创新了基层社区的管理。2014 年 9 月，因为燃气使用不当，李沧街道南山社区一户人家发生火灾。火灾发生在晚上 9 点，在消防队扑灭火灾后，“百姓微课堂”成员迅速与街道、社区形成了善后工作队，负责清点人财物、安排受灾家庭住宿、联系保险公司勘查现场。对南山社区“百姓微课堂”成员的做法，居民们纷纷点赞，“在我们社区居住着 8 个民族、1700 多户，‘微课堂’让居民彼此认识、熟悉，遇到问题的时候，这些成员可以迅速形成骨干力量”。如今，南山社区的“百姓微课堂”已经家喻户晓，居民们纷纷要求加入。“百姓微课堂”给邻里之间提供了坐在一起学习交流、沟通思想、融洽关系的机会，沟通深了，关系亲了；心气顺了，矛盾少了；好人多了，风气变了；素质高了，形象美了……“百姓微课堂”为加强社区建设管理提供了极大帮助，成为社区管理的有益助手。

启示与思考

“百姓微课堂”把宣传思想工作阵地扩展至寻常百姓家，将宣传触角延伸至每家每户，确保宣传思想工作连民心、接地气，为做好新形势下的理论宣传工作提供了有益启示。

理论宣传必须贴近实际，平等交流，才能拥有吸引力。贴近实际、贴近生活、贴近群众，是宣传思想战线改进和加强自身工作的一条重要指导原则。“百姓微课堂”宣讲活动，出发点是宣讲政策和满足基层群众知情需要，落脚点在于理论惠民，让普通民众共享理论创新的成果，成为民众与政府之间进行良性互动的沟通桥梁。理论宣讲应该不拘泥于场地与形式，各项理论教育、政策宣讲、社科普及等活动也要丰富多样，同时，平等交流、专题培训、集体备课、互评交流等形式也应百花齐放，从而促使居民产生思想共鸣，踊跃组织和参与活动，这样，理论宣传就会拥有吸引力。

理论宣传必须循序渐进，久久为功，才能增强持久力。理论宣传要深入人心见成效，就必须持之以恒、久久为功。“百姓微课堂”的创建是提升理论大众化工作的新模式，不论从创建形式，还是讲题的确定，不搞一刀切，不强求一律，而是循序渐进，照顾多数，注意层次性、差异性，坚持日积月累，终见成效。理论宣传应该注重建立长效机制，推进常态化建设，“小题”大作、“小题”常作，做到常讲不衰、常讲常新，这样，理论宣传就会增强持久力。

理论宣传必须契合群众需求，突出通俗化，才能激发生命力。从居民最关心的问题入手，话题虽小，意义重大，形象化、具体化的讲述内容让居民更可信、可学。“百姓微课堂”活动不把理论打扮成雍容华贵，让群众感觉高高在上和晦涩难懂，而是针对解决群众关心的思想和实际问题作出理论回应或政策解读，不仅让群众听得懂，更让他们能够用得上。理论宣传应该确立群众的主体地位，按照群众参入、群众推动、群众受益的思路，激发群众的主动性和创造性，把深奥的道理简明化、抽象的理论生动化、政策性的理论具体化，实现表达的形象化和论述的通俗化，做到有用、管用，这样，理论宣传能激发生命力。

市民“五王”才艺大赛：创新公共文化活动模式的探索与实践

引　言

在2014年的青岛文化事件里，“接地气”构成了群众文化活动的主基调，而历经三个多月的青岛市首届市民“五王”才艺大赛是这种“接地气”文化的典型代表。这场岛城迄今为止规模最大的一次面向全体市民的选秀活动，使来自民间的、鲜活的“草根文化”，以惊人的火爆场面呈现。这场旨在为草根市民提供展示舞台的才艺大赛，激发了强大的群众文化力量，同时，也证明了“五王”这一形式的才艺大赛是公共文化服务内容和方式的有益创新，整个比赛实践性强、示范带动作用明显，取得了实实在在的成效。

现象：零门槛让“五王”火了

“唱响中国好歌曲，舞出中华好风采，演绎经典好戏曲，琴颂古今好乐章，展现传统好技艺”，2014年10月，为了创新公共文化服务载体，打造群众文化活动新亮点，青岛市启动了首届市民“五王”才艺大赛，在全市范围内海选“歌王、舞王、戏王、琴王、秀王”，向市民发出了“为梦想跨出一步”的邀请。

“选手不设门槛、不限学历、不限年龄，所有市民均可报名参加……”“零门槛”是“五王”大赛与其他选秀活动最大的不同之处。大赛面向全体市民，不设任何门槛，内容形式自定。这一没有束缚条件的参赛方式使青岛市民放开手脚，争先恐后地走上舞台，展示自我，发光发亮。

主办方“走下去”，组织全市文艺专业人才成立导师团，分工包片到每个分赛区和农村、社区一线，进行组织发动。为方便市民报名参赛，主办方在全市所有乡镇、街道、村庄、社区都设立报名点，把大赛海报贴到百姓家门口，吸引市民目光，激发他们展现自我的期望、抒发才艺的激情。报名参赛的群众规模空前，参赛选手包含数百种职业，既有 80 多岁的长者，又有五六岁的儿童，既有常住居民，又有新市民，活动的影响力甚至波及海外，英国皇家音乐学院的青岛籍学生慕名专程回国参赛。

真正做到“把舞台放给群众”。作为全国第一个面向市民、同时在一个平台进行五项艺术门类海选的市民才艺展示舞台，市民“五王”才艺大赛改变了过去“政府主办、院团主角、你唱我听、你舞我看”的文化模式，让普通百姓走向前台，成为文化表现主体。今年一位 60 多岁的青岛西海岸新区积米崖港区居民和她 4 个 60 多岁的老姐妹都没想到，平时只是在港区内自娱自乐的节目，能走上市级比赛的舞台，并让很多观众笑得前仰后合；平均 60 岁的大妈们穿起足尖鞋，跳起了令人叹为观止的芭蕾舞……这样的场景在“五王”大赛的舞台上比比皆是。演员是群众，观众是群众，台上台下没有距离，一下子点燃了城市文化生活的激情。

短短 3 个月的时间，大赛吸引了参赛选手 4 万多人，参赛节目 4300 多个，举办晚会 200 多场。大赛还吸引了成千上万热情普通市民参与，聚集了数百万级的兴趣粉丝群，现场观众人数总共达20多万人。不论是表演者、投票者、评论者，都成为市民“五王”才艺大赛的真正主人，这一庞大的群体在全市共同打造了一场全民参与、全城欢动的群众文化盛典。

收获：既欢动了全民，也演出了精品

活动采用草根选秀这一百姓最喜欢的娱乐形式，既让市民从中得到了休闲娱乐，同时也用优秀的文艺演出弘扬了传统文化，尤其是本土文化。更值得一提的是，在这场全城欢动的活动里，虽然参与者都是普通老百姓，但其实选手实力一点都不弱，精品节目层出不穷。

本土传统文化别样红。在“五王”比赛中，一大批独具青岛地方特色的节目特别惹人注意。胶州市选送的团体节目《欢天喜地过大年》是由几个胶州的非物质文化遗产编成的情景剧，展示了胶州的剪纸和八角鼓两种省级非遗，茂腔和胶州大秧歌先后出场，胶州大白菜也被融入到了节目中，还展示了一段入选市级非遗的胶州民歌。茂腔这一青岛本土戏曲也在比赛中大放异彩，表演者在参赛过程中深有感触：“平日里我们大都到乡间给老哥哥、老姐姐们演。收了几个徒弟，可年龄都比我大，这次到‘五王’大赛上演出，后台有好几个年轻人想跟我学，这让我对茂腔这一地方戏曲又充满了信心。”

选手实力强大，赛出精品节目。在全城欢动的气氛中，大赛涌现出一大批高水平民间艺人和精品节目，发掘出一大批民间艺术人才。经过激烈比拼，“五王”各有其主：歌王金奖是一名大学生演唱的《玛依拉》，舞王金奖是城阳实验小学学生表演的《小海豚》，戏王金奖是9岁男孩演唱的京剧《铡美案》，琴王金奖是胶州市市民演奏的唢呐与口技，秀王金奖是黄岛文化馆职工表演的快板、快书、越剧组合，团体赛金奖是胶州市的非遗项目表演《欢天喜地过大年》，这些节目既传承了优秀文化，又体现了青岛特色，艺术水准很高，表演精彩纷呈，让大赛评委由衷感叹“高手在民间”，表示没想到青岛民间有这么多高水平的艺术人才，大赛选出来的“五王”选手，完全可以到全国的大舞台上演出。一位央视著名主持人称赞“秀王”金奖获得者是“多年不见的好演员”。中国舞蹈家协会力荐“舞王”银奖获得者参加中国舞蹈家协会的青年舞蹈家培养计划。中国音协流行音乐学会的专家期待在中央电视台青歌赛见到“歌王”……

幕后：文化力量全方位助力

作为第一次全城范围举办的大型群众文化活动，首届“五王”大赛是丰富群众文化生活的一次尝试及探索，无成功经验可借鉴。市民能不能接受这种模式？节目的品质如何？……都是在比赛开端时主办方所思考和要解决的问题。比赛前期，主办方建立了广泛的论证机制，进行了深入调研，广泛了解群众的文化需求，先后召开了4次以群众代表和专家代表为主的前期论证会，确保了活动与群众需求相衔接，使“五王”具有了充分的群众基础。在比赛过程中，逐步完善各种细节，提高比赛品质，扩大了品牌的影响力。

全体文化工作者角色转换，服务大赛。在比赛中，各区市的文化工作者由过去的文化活动主导者、表演者，变为宣传员、协调员、辅导员、服务员。各级文新局、文化馆、文化站都将工作着力点放在基层，激发群众参与热情，发现推选文艺人才，组成战队参赛。指导社区村庄建立舞蹈队、秧歌队、合唱队、演出队、庄户剧团等文艺团队，为大赛锻炼培养人才。各区市还开办“五王”训练营，组织专业文艺人才组成导师团，对优秀选手进行个体辅导和整体包装。文化工作者和文化志愿者组成“五王”

服务队，为基层选手参赛提供全方位优质服务。

专家评委点评讲授，向广大市民普及文艺知识。作为没有门槛的市民选秀节目，节目缺少精品、亮点是最容易出现的问题。为提高大赛品质，主办方邀请了40多名国内知名艺术家担任大赛评委和嘉宾，专家们高端、专业、到位的点评通过电视、网络等媒体实时传播到全市，向广大市民全面普及了文艺知识。专家们还利用闲暇时间开坛授课，为市民举办各种形式的文艺讲习班。魔术表演艺术家邀请的除担当大赛评委外，还为岛城数十名魔术界新人开“大师班”讲座，并在颁奖晚会上收下大赛选手为徒，央视著名主持人现场主持了“收徒”仪式。专家评委们还积极为青岛的文化建设把脉献策，他们高度评价市民“五王”才艺大赛，认为这是为老百姓办的一件实实在在的好事，活动把镜头和舞台给了广大群众，让他们成为舞台的主人，充分展现了岛城人民良好的精神风貌，非常接地气。

拓展全媒体宣传，提升群众参与文化活动的热情与规模。群众文化活动贵在参与的广泛性。为使市民“五王”才艺大赛达到“全城全民全参与、展才展艺展绝技”的目标，活动进行全媒体宣传发动和持续跟踪报道，媒体积极深入基层挖掘选手背后的故事。人民网、中新网等中央媒体经常性报道相关赛事，《青岛日报》、《半岛都市报》、青岛人民广播电台、青岛电视台、青岛新闻网等本地媒体，几乎每天以头版头条、专版专栏等形式进行大篇幅宣传报道，《青岛日报》在头版以《“五王”的力量》为题配发评论，青岛电视台影视频道（QTV－3）对半决赛、决赛、团体赛、颁奖晚会等进行录制转播和现场直播。宣传过程中，特别注重传统媒体与新媒体的融合，通过开通微信、微博等宣传渠道，在“掌上青岛”“爱青岛”等移动新媒体全力推送，通过网络点击关注这一赛事的网民达到598万人。

效应：品牌带动文化惠民

借鉴大赛的示范效应，一批文化惠民品牌迅速崛起。首届“五王”大赛的成功举办，引领起全市群众文化活动的一个高潮。各区市以活动为模板，在本地举办了一系列群众文艺大赛活动，广场舞大赛、戏曲票友大赛、书画比赛等，使过去年终岁尾这段群众文化的“淡季”变得红红火火，生机勃勃。那些从首届大赛中被拔出来的才艺达人，没有随着大赛的落幕告别舞台，在公益活动中、在对外交流中，处处可见他们的身影。

成立“五王艺术团”，为群众文化添力。借力比赛的热度，青岛市文化馆成立了由“五王”大赛获奖选手组成的“五王艺术团”，创新开展了“走进经典”——微演艺“六进”公益活动。中秋节前夕，在青岛流亭机场，萨克斯、小提琴乐手伴着《回家》的旋律走入候机大厅，“微演艺”点亮中秋回家路，为等候飞机的观众演奏了《让我们荡起双桨》《军港之夜》《茉莉花》等经典歌曲……“五王艺术团”成立之后，先后参与公益演出上百场次，从广场、商场、机场、火车站、汽车站、书店、市场，到学校、军营、田间地头，处处都有“五王”的身影。

“五王”走出国门，到国际舞台展示风采。2015 年，青岛市当选“东亚文化之都”，与日本新潟和韩国清州一起，共同举办了当代艺术及传统文化系列活动。市民“五王”才艺大赛被文化部列入 2015 东亚文化之都重点活动项目，成为增强城市文化软实力、扩大对外文化交流的新载体。“五王”的优秀选手代表组成“东亚文化之都”文化使者团，作为与日韩、欧美等国家和地区进行文化交流的纽带，向世界传达青岛独特的艺术魅力，“五王”的品牌效应将从青岛影响到整个东亚。

启示与思考

“五王”才艺大赛在青岛市掀起了群众文化活动热潮，受到了群众的热烈欢迎和高度认可，也为进一步做好新时期群众文化工作提供了有益的启示。

繁荣发展群众文化，必须真正让群众唱主角。新时期，物质生活水平的提高和文化生活方式的丰富，群众的主体意识和创造意识越来越强，普通老百姓已不再满足于只坐在台下当观众，而是希望从幕后走到前台、从台下走到台上、由观众变成演员，成为文化发展的创造主体、表现主体。“五王”大赛看到了群众的这种需求，适应了这种变化，为他们“量身定制”文化活动，重视原生态，注重普通百姓的才艺展示，真正让“群众文化由群众做主”，让蕴藏在人民中的文化创造活力得到充分发挥。评价群众文化活动，应把群众是否愿意参与作为重要标准，唯有群众成为创造文化的主体、演绎文化的主角，群众文化发展才会有更深厚的力量源泉。

繁荣发展群众文化，必须发掘个性特色，着力传承优秀本土文化。深厚的文化传统是文化安身立命的重要根基。通过“五王”才艺比赛评委的反映，弘扬本土传统文化的节目备受关注。在群众文化中，宜鼓励多自创、多个性、多本土的节目，将非物质文化遗产加工打磨、搬上舞台，不但让一批传统曲艺和经典剧目穿越时空、重放光彩，而且能丰富观众视野，切实把观众的兴奋点和注意力吸引到传统文化与时代精神相结合所产生的思想力量和艺术魅力之中，使观众重新认识传统文化，体会到本土文化丰富多彩的表现形式、蕴含的文化积淀和典雅的艺术情韵。

繁荣发展群众文化，必须发扬创新精神，勇于打破传统思维、破解工作难题。创新是文化的本质特征，是文化繁荣发展的根本动力。“五王”大赛把创新精神贯穿到活动各方面全过程，告别了过去文化单位单向输送文化的模式，创新了文化建设运行机制，提升了人气，满足了群众对多元文化的需求。繁荣发展群众文化，必须推进文化产品内容形式创新，着力推动不同艺术门类相互融合，切实找准群众需求的兴奋点、运作方式支撑点和社会参与的互动点；必须勇于突破管理体制、运行机制和市场格局等方面的瓶颈制约，坚持政府主导与市场运作相结合，积极吸引社会力量积极参与，运用市场手段配置文化生产要素，有效破解基层文化建设经费紧张、文化投入方式单一等问题，群众文化才会不断开辟新境界、打开新局面。

周村“两微一端”政务新媒体：弘扬社会正能量

引 言

在淄博周村，一个由官方手机客户端“中国周村”、政务微博“@周村发布”、微信公众号“掌上周村”组成的政务新媒体矩阵颇负盛名。他们第一时间发布权威消息、解读时事政策，关注普通百姓的吃住行，散发着浓浓的生活气息，赢得了千万“粉丝”。自创建以来，“掌上周村”微信公众号在淄博市政务类微信公众号排行榜中稳居前5名，和“淄博交警”“淄博卫生”“青春淄博”等公众号同列淄博政务微信公号第一方阵；“@周村发布”政务微博粉丝数达到58000人，获“2014年度淄博市优秀政务微博”称号。周村区政务新媒体发展走在了淄博市的前列。

应运而生 顺势而为

周村区委区政府对新媒体发展十分重视，2013年10月即开通了政务微博“@周村发布”，成为全市首家开通政务微博的区县。“@周村发布”开通后，由专人运作，通过腾讯和新浪两个平台，开展政务信息服务，畅通政民沟通渠道，围绕中心工作传递“周村好声音”。运行过程中，“@周村发布”及时收集意见、倾听民意、发布信息、服务大众，迅速与公众形成良性互动，搭建出一个社会化参政、议政、问政的网络交流模式与平台。期间，“@周村发布”还引导周村辖区的镇办和区直机关部门开通政务微博，集纳全区 35 个政务微博账号，建立了覆盖全区的“政务微博发布厅”，引领着全区基层政务新媒体的发展。2014 年 6 月，周村区又开通了“掌上周村”微信公众号，新媒体战线得到了进一步壮大。

2014 年，周村区与新华社山东分社签署合作协议，利用新华社平台，联手打造“中国周村”官方手机客户端（APP），2015 年 5 月 1 日正式上线开通。“中国周村”APP 突出了政务与服务两大主题，集权威发布、信息查询、政务服务等功能于一身。至此，周村区完成对新媒体的布局，形成“两微一端”（政务微博“周村发布”、政务微信“掌上周村”、“中国周村”手机客户端）的新媒体矩阵，标志着周村新媒体发展步入了一个新阶段。

为促进政务新媒体的健康快速发展，周村区坚持传统媒体和新兴媒体融合发展的思路，强化了区内媒体资源的整合，充分利用传统媒体的资源和人才优势，使新媒体的发展走出了分散管理、单打独斗的局面。《今日周村》是周村区委机关报，已经办报 12 年，积累了丰富的办报经验，有着较好的新闻资源和人才基础，在全区新闻媒体中处于龙头地位。2015 年初，周村区将政务新媒体职能整体划转至《今日周村》编辑部，实现了统一管理。《今日周村》随即成立网络部，选拔两名优秀人才专门从事新媒体采编工作，使新媒体发展有了坚实的人才基础。同时调整办公区域，新媒体编辑和报纸编辑集中办公，电脑互联互通，内容共创共享，在新闻资源上实现深度融合，《今日周村》编辑部还出台激励措施，鼓励《今日周村》记者积极为政务新媒体供稿供图，用传统媒体的丰富资源对新媒体进行有力支持，使新媒体发展站上了一个高点。

俗话说，酒香也怕巷子深。以网络为传播手段的新媒体要想在短时间内广为人知，也需要精心策划、主动推销。除了传统的“口口相传”，周村政务新媒体在发展之初就突出了政府引导。区委宣传部下发《关于组织全区党员和干部职工免费下载使用“中国周村”手机客户端的通知》，要求各镇、街道、部门单位迅速组织广大党员和干部职工免费下载使用。6月5日，区委办公室、区政府办公室又联合下发《关于开展“学习使用新媒体当好民生工作宣传员”活动的通知》，在全区机关企事业单位中广泛组织开展“学习使用新媒体，当好民生工作宣传员”活动，并由区委督查室、区政府督查室对活动开展情况进行督导检查。短时间“中国周村”手机客户端装机量、“掌上周村”微信公众号关注度大幅度增加。行政力量的推广给“两微一端”新媒体矩阵发展夯实了基础，此后，政务新媒体发展步入驶入快车道。

和而不同　内容为王

量体裁衣，各自定位。政务新媒体除了适用于新闻规律的普遍性外，还有属于自己的发展特性和规律。身处新媒体矩阵的每一个子媒体，也都有其专属定位。在矩阵形成之初，周村就对政务新媒体的功能定位进行了明确，并以此量体裁衣，规划设置了特色鲜明的栏目。政务微博“@周村发布”设置“今日周村”“镇办动态”“部门传声”等栏目，围绕区委区政府重大决策部署，及时发布权威信息和政策解读，即时新闻与镇办、部门信息协同发布，第一时间把党和政府为民服务的新举措新亮点传播到用户。政务微信“掌上周村”依据微信信息“短平快”的特点，设置“最新闻”“咱周村”“惠民生”等10余个栏目，每天向用户发送4条本地新闻、民生政策和生活服务等内容，内容经过精心编辑，具有很高的传播阅读价值。官方手机客户端“中国周村”则定位于手机门户网站，设有周村新闻、走进周村、周村政务、生活服务等9大板块，下设30余个栏目，每天发布各类信息160余条，其中本地信息40余条，并实现了新闻即时推送功能，用户一机在手即可随时随地快速了解各领域动态、获取各方面信息，是人民群众的“网上贴心人”，也是通达社情民意的重要渠道。

把握受众脉搏，策划热点话题。为保持新媒体健康发展的良好势头，做好内容是根本。因此，在“两微一端”的运行中，周村特别重视对内容的组织、策划和传播。实践证明，坚持原创、凸显地域属性是区县级新媒体的生存之道。6月上旬是高考季节，高考成为社会关注的焦点。编辑部提前部署记者守候高考成绩发布，又在第一时间发布《六中包揽全市理科冠亚军》，在微信中创下了24小时21368次的阅读量，该帖位列38期榜首，“掌上周村”也跃居全市政务类微信公众号排行榜冠军。此后，《驻周飞行教官受阅归来》《我区中小学招生划片方案出炉》等稿件也都位列淄博微信公众号话题排行榜榜首。从2015年6月初至今，“掌上周村”在鲁中网公布的淄博市微信排行榜中稳居全市政务类公众号前5名，并3次力压“淄博卫生”“淄博交警”，位列第一。

对舆论热点和突发事件，第一时间公布真相，以权威信息引导舆论。针对网传新交规、“化工厂爆炸”、“高考生准考证丢失”、诈骗短信等网络不实言论，新媒体第一时间进行深入调查了解，及时揭开真相，同时通过“中国周村”客户端、“掌上周村”微信公众号、“@周村发布”辟谣，平息热点舆情。其中，《亲们，别再传谣言啦，关于Duang的那一声，截至目前，我区未发现异常!》经“掌上周村”发布后，24小时点击量达到8197。注重对网民关切问题的及时回应，《为啥他家暖气热了，你家没热？原来是这样……》《周村出租车组团停运，小周哥告诉你为什么》《房子都交了，却没暖气！这个冬天世誉首府业主很着急!》等稿件一发布，关注度都在2000左右。尤其是世誉首府取暖问题发布后，区委主要负责人第一时间做出批示，一周后该小区取暖问题得到解决。同时，加强媒体联动。重要稿件通过“两微一端”同步发布，“掌上周村”微信公众平台发布的稿件，不仅同时在“@周村发布”“中国周村”手机客户端发布，发布以后，还尽可能在第一时间提供给传统新闻媒体，通过新闻媒体对相关内容进行深入报道，进一步提升传播效果。

做好内容依然是在传播范畴，用户参与才是新媒体与传统媒体最大的区别。基于该认识，周村政务新媒体不断通过组织活动来加强互动。2015年，周村政务新媒体联合不同商家先后举办两次“周村宝宝秀”评选活动，两次户外穿越，长期实行“中国周村”手机客户端会员抽奖活动。活动中，商家赞助的奖品全部回馈用户，收到了良好的效果。同时，利用新媒体的调查功能，先后开展了“吐槽网速”“中学生作业量调查”等贴近群众生活的网上调查，进一步形成线上线下互动，同时调查数据与《今日周村》新闻报道互为补充，进一步体现出传统媒体与新媒体融合发展的优势。

如今，周村政务新媒体已成为成为地方最有影响力的新媒体发布平台。通过不断凝聚指尖正能量，政务新媒体公信力、影响力不断提升，已成为广大党员干部生活中不可或缺的“伙伴”。

启示与思考

1. 科学打造媒体矩阵是政务新媒体持续发展的前提基础。

近年来政务新媒体不断发展，展露出传播速度快、范围广等发展优势之余，也产生了许多问题：信息发布不及时，更新不规律，时效性较差；内容单一，官话、套话较多，信息量小；缺乏有效的宣传与推广，影响力较低等问题。及时有效解决政务新媒体存在的问题，需要建立科学规范的管理机制，建立一支熟悉新媒体话题设置、技术运用、舆论推广的专业人才队伍，打造集传统媒体、新兴媒体与部门联动的媒体矩阵，整合新闻资源，形成政务新媒体优势。周村区坚持传统媒体和新兴媒体融合发展的思路，将官方手机客户端“中国周村”、政务微博“@周村发布”、微信公众号“掌上周村”组成的政务新媒体职能整体划转至《今日周村》编辑部，实行统一管理，强化了区内媒体资源的整合，使新媒体的发展走出了分散管理、单打独斗的局面，打响了融媒体的“团体战”，赢得了广泛好评。

2. *准确把握舆论场特点是政务新媒体持续发展的题中之义。* 实用性、碎片化是网络舆论的重要特征，这就要求政务新媒体在以重大决策部署和工作情况为主题的前提下，必须不断开拓创新，增强微博微信的吸引力。内容设计上，从用户需求出发，注重用户体验，找准政务信息与利好网民的结合点，扩大政务信息的知晓度和影响力。表达方式上，符合网民口味、网民阅读习惯，既不能居高临下空洞说教，语言生硬以势压人，也不能曲意迎合，低三下四。利用图示、图解、视频等网友喜闻乐见的形式解读专业政策，使政务信息更有效地到达受众，更好地引导舆论。周村区“两微一端”依据受众人群，对功能定位进行了科学分化，在客户端和微信发布内容中，除了时政新闻保持了固有的严肃性，经济、社会、民生新闻在发布时都进行了再加工、再创作，使用了大量网络语言，增加了大量图片、卡通，使阅读变成一个轻松欢快的体验过程，实现了信息表达“短平快”、政府发布准确到位，架起了政府与网民之间有效沟通的桥梁和纽带。

3. 贴近群众精准服务是政务新媒体持续发展的源头活水。贴近实际、贴近生活、贴近群众，“三贴近”原则是媒体保持新鲜活力的“法宝”，政务新媒体也不例外。政府新媒体是一个关注群众焦点、解决群众痛点、倾听群众呼声、回应群众关切、疏导群众情绪的有效平台。利用好这个平台，需要建立起通畅的信息沟通渠道，主动设置话题，在良性互动中了解民情、体察民意，从而进一步扩宽社情民生信息的来源。周村政务新媒体围绕“周村高考优秀生”“学生划片入学”“取暖费价格”等民生热点话题，积极主动发声，用户通过留言、评论或者@等功能反映问题、发表看法，编辑根据用户反馈的焦点问题及时回应、系列跟进，有效解决了群众对政策的不解、思想上的困惑，粉丝数量不断攀升，实现了政务新媒体服务为民的宗旨。

“齐彩蒲公英”：临淄区探索成立返乡大学生志愿宣讲团

引　言

早在2014年，临淄市临淄区就创新宣传教育模式，组织青年和返乡大学生志愿者开展“齐彩蒲公英”志愿宣讲，通过“身边人讲身边事，到群众身边去讲”，将社会主义核心价值观要求融入其中，吸引群众广泛参与，在全区掀起了知荣辱、树新风、讲正气、当好人、当模范的热潮。临淄区返乡大学生志愿宣讲团有哪些探索和实践？从中有哪些经验给予我们启示，值得我们深思呢？

志愿宣讲成就服务新品牌

临淄区每两年开展一届道德模范评选活动，2014年以来，全区进一步开展旨在培育和践行社会主义核心价值观的道德工程建设，先后评选出“好儿女”“好媳妇”等5类身边好人10万余人。为传播道德模范、身边好人先进事迹，临淄区以青年志愿者和返乡大学生为骨干，创新成立了“齐彩蒲公英”志愿宣讲团。齐代表齐国故都临淄，彩意味着绚丽多彩、茁壮成长，蒲公英寓意志愿者像蒲公英一样将向上向善的种子播撒到临淄城乡的每一个角落。

2014 年，临淄区层层选拔 13 名优秀团干部和青年志愿者，组成全区首批“齐彩蒲公英”道德模范先进事迹志愿宣讲团，第二批志愿宣讲团从 40 个区直部门、文明单位自发报名的志愿者中，择优选拔 24 名志愿宣讲员参与道德模范、身边好人宣讲活动，第三批采取“一带十、十带百、百带千”传帮带模式，发展 1200 名返乡大学生志愿者参加培训。同时，对宣讲团成员实行动态管理，通过发放调查问卷、随团听讲、定期评议等方式，征求居民群众意见建议，对宣讲效果不好的宣讲员进行调整。定期组织开展宣讲员培训、交流、学习活动，提升志愿者宣讲队伍的理论素养、专业水平和宣讲能力，仅 2014 年即开展宣讲员评议 13 次，宣讲员集中学习培训 24 次。2015 年，全区“齐彩蒲公英”志愿宣讲团规模进一步扩大，成员已由 2014 年的 166 名扩大至 210 名。

宣讲团将近年来临淄区涌现出的 36 名先模人物事迹、身边的好人好事、中国梦·见证改革故事、社会主义核心价值观等内容整理成群众通俗易懂的语言故事，先后开展志愿宣讲 1080 场次，受众达 10 万余人，实现了在全区各镇、街道，机关、学校、企业、村居的全覆盖，叫响了“齐彩蒲公英”这块独特品牌。

“每天要花七八个小时准备排练，晚上讲到十点才回家，有个晚上我们在村里宣讲时电灯坏了，只能用手电筒照亮……”2014 年暑假和寒假，一名大学生连续两次参加了返乡大学生志愿宣讲活动，这个暑假她再次加入到了这个队伍，并担任了十几名新志愿宣讲员的队长。她说：“我们面临的辛苦远远超出想象，但看看台下认真聆听的父老乡亲，听到他们雷鸣般的掌声，甚至有些人感动的潸然泪下，这就是对我们工作的认可。”

首批宣讲以临淄区近三年涌现出的36名省、市、区道德模范先进事迹为主要内容，第二批宣讲内容拓展到全区道德工程建设推出的身边好人好事及中国梦·见证改革故事、社会主义核心价值观、群众路线、民生政策等方面。2015年，临淄区进一步丰富宣讲内容，增加了乡村文明行动、城乡环卫一体化、齐文化道德故事等。根据基层实际需求和群众要求，不断对宣讲内容进行调整、补充、丰富，在机关、学校集中宣讲敬业奉献模范，进村居侧重宣讲孝老爱亲模范，进企业则侧重宣讲诚实守信模范，让听众产生共鸣。

8月7日，在凤凰镇王桥村的宣讲已经结束，一位老大娘特意把桃子送到了大学生们面前说：“讲得好，没听够，你们啥时候再来讲一场?”

在组织“齐彩蒲公英”志愿宣讲员走进村居、机关、企业、学校面对面宣讲的同时，临淄区组织文化部门的专业演职人员采用歌曲、快板、相声、秧歌、戏剧等群众喜闻乐见的形式，编排《婆媳情》等30多个弘扬社会主义核心价值观的文艺节目，配合志愿宣讲团进村、进社区进行巡回演出。扶持壮大金山镇百姓艺术团等120多支“庄户剧团”，为村居广场舞蹈队配备移动音响210部，鼓励“百姓艺术家”演身边人、说身边事。同时，在城区公共场所、公交站点建设一批道德公益长廊，在区电台、电视台、临淄政务信息网等新闻媒体设立了“临淄好人”专题专栏。全区配套建设善行义举四德榜489个、道德主题公园32处、道德讲堂470个，在城区360个果皮箱、60个候车亭、260个主要交通路口等媒介大密度刊载社会主义核心价值观公益广告，全区形成了有利于培育和弘扬社会主义核心价值观的生活情景和社会氛围，使核心价值观的影响像空气一样无所不在、无时不有。

返乡大学生社会实践的有益探索

通过发放调查问卷、随团听讲、定期评议等方式，对宣讲员实行动态管理。定期组织民政、交警大队、食药监管等单位，对返乡大学生志愿者进行培训。经常性征求居民群众意见建议，对宣讲效果不好的宣讲员进行调整。推进志愿者网络化发展，建立了返乡大学生志愿者 QQ 群，及时高效发布信息、调度活动、沟通联系。组织开展“服务家乡、锻炼自我、共享成长”返乡大学生志愿者座谈会，让大家交流参加活动的感受体验，全面提升了志愿者队伍的理论素养和专业水平。目前，已开展宣讲员评议 13 次，组织开展宣讲员集中学习培训 24 次，全面提高了志愿宣讲员宣讲水平。

一名刚刚考入四川大学的大学生说：“有些知识在书本和电视上见得多，如今参加宣讲，有幸见到了身边的生动事例。为家乡父老宣讲，这是我们锻炼自己和报效家乡的好机会。”返乡大学生通过宣讲，在教育别人的同时，更是对自己心灵的洗礼，思想的升华。2014 年以来，临淄区全面启动道德工程建设，道德模范、身边好人的事迹感人至深，催人泪下，是每个人学习的榜样，志愿宣讲在全区大学生中掀起向身边好人学习的热潮。返乡大学生志愿宣讲的开展，实现了“蒲公英效应”。

积极开展志愿宣讲活动，组织志愿者深入村居，与群众面对面进行宣讲。开展文明交通志愿服务，返乡大学生分散到城区繁忙交通路口，引导市民遵守交通法规，文明安全出行。开展节俭养德文明餐桌志愿服务，对酒店内过度点餐的顾客进行文明劝导。丰富多彩的志愿服务内容为返乡大学生提供了一个增强基层经验的有利平台，为今后步入社会打基础、做铺垫。当年的宣讲内容涵盖党的路线方针政策、社会主义核心价值观、中国梦，更将临淄区开展的乡村文明行动17项工程、城乡环卫一体化、齐文化及道德模范事迹纳入其中。同时，临淄区精心设计志愿服务项目“看身边变化，感受家乡新面貌”—返乡大学生主题教育活动，让大学生们看看身边变化，感受家乡新面貌，更好地了解全区的人文历史、新容新貌和民生方面的变化。通过参观齐都药业有限公司、81890民生热线、齐文化博物院、敬仲镇乡村文明现场，让大学生们更好地了解全区的人文历史、农村新貌和民生方面的变化。临淄区精心设计志愿服务项目，让返乡大学生看身边新变化，亲身感受家乡新面貌，不断培养返乡大学生热爱家乡、服务家乡的情怀，使返乡大学生能招得来，也能留得住。

推动志愿服务逐步走向常态化

返乡大学生志愿宣讲活动只是临淄区道德模范身边好人先进事迹志愿宣讲活动其中的一个阶段。近年来，临淄区把公民道德建设作为提高市民文明素质的重要内容，广泛开展“道德模范”“身边好人”等评选活动，涌现出一大批省、市道德模范典型。为充分发挥道德模范的榜样引领作用，临淄区培养1200余名优秀青年志愿宣讲员，成立道德模范、身边好人先进事迹志愿宣讲团，定期在城乡道德讲堂开展志愿宣讲。

从2012年起，深入开展“合力救助帮扶、增进民生福祉”活动。活动开展以来，成立志愿救助基金169个，总额达3600多万元。志愿组织对困难家庭的救助帮扶物资折合1300多万元，全区低保困难群众核减1124人。建立了63个志愿者服务站，覆盖所有社区。对志愿者实行了网格化管理，按照城区每200户为一个网格的标准，将全区划分为983个网格，每个网格由一名工作人员负责联系，摸清帮扶对象的服务需求，有针对地开展各项志愿者救助服务。

志愿服务遍及城乡。主导成立青年、巾帼、助残、法律、文化、卫生等12支精英志愿服务队。涌现出“临淄义工”“满德慈善”“银龄爱心”“善小”等优秀志愿服务团队360个，形成齐彩蒲公英志愿服务品牌。全区志愿者注册人数达8万余人。每年开展大型志愿服务活动260余场次。充分发挥各级文明单位在智力、物力、财力方面的优势，广泛开展“文明单位助推乡村文明行动”“文明单位志愿结对共建”“志愿服务传文明，携手建设新农村”等内容丰富、卓有成效的主题志愿服务活动。择优选拔37名公益宣讲师，成立了临淄区“新农村新生活”志愿讲师团，开展大规模“新农村新生活”公益培训200场次。

启示与思考

临淄区大学生志愿宣讲是新形势下推动理论大众化的新载体，创新宣传教育模式，贴近百姓互动交流，推动了核心价值观走进群众、入脑入心。主要启示有：

1. **培育践行社会主义核心价值观要抓住“重点群体”**。青年兴则国家兴，青年强则国家强。目前，社会矛盾碰头叠加，西方价值观、历史虚无主义各种社会观念思潮相互激荡，严重影响着青年的价值判断。青年的价值取向决定了未来整个社会的价值取向，而青年又处在价值观形成和确立的时期，抓好这一时期的价值观养成十分必要。临淄区抓住了“青年群体”这个重点，成立返乡大学生宣讲团，通过志愿宣讲实现了“双赢”。一方面，通过对道德模范、文明行为等知识的宣讲教育了群众，传播了道德的种子，传递了社会正能量；另一方面，大学生宣讲团宣讲筹备、组织宣讲的过程也是自身投入社会实践“自我教育”的过程，增强了家乡情怀，增长了知识、开拓了视野、锻炼了能力，使24字核心价值观真正地入心入脑。

2. 培育践行社会主义核心价值观要形成“群体效应”。培育弘扬社会主义核心价值观是一个复杂的系统工程，不可能一蹴而就，需倡导一部分人或群体成为榜样、典型，用典型引领帮助带动全体社会成员实现内化于心、外化于行，使“典型效应”发展成为“群体效应”“社会效应”。临淄区“齐彩蒲公英”志愿宣讲团成立后，先后开展志愿宣讲1500余场次，覆盖全区所有村居、社区、机关、学校、企业，涌现出“临淄义工”“满德慈善”“银龄爱心”“善小”等一大批优秀志愿服务团队，形成齐彩蒲公英志愿服务品牌。通过先进典型的引领作用，社会正气得到大力弘扬，逐步形成了学习好人、崇尚好人、争做好人的社会新风尚。

3. 培育践行社会主义核心价值观要“于细微处见精神”。习近平总书记强调，要切实把社会主义核心价值观贯穿于社会生活方方面面，与现实生活紧密结合，在落细、落小、落实上下功夫。具体而言，就要小处着手，人人可为，细处着眼，润物无声，方能深入人心、赢得共鸣。在培育和弘扬社会主义核心价值观过程中，考虑地域差异、民风差异、行业部门差异、文化差异、认同差异等多重因素，因地制宜、因人制宜、因时制宜，分类施策。临淄区返乡大学生宣讲团紧密结合实际，不断创新宣讲内容和方式方法，将齐文化中的《义继母信守诺言》《缇萦救父》《江革孝母》等一批反映诚信守义、爱家孝亲的道德故事纳入宣讲内容，并采取了“配餐宣讲”，精心做好理论和实际的“结合”文章，启迪善心、激励善行，实现了社会主义核心价值观的落细落小落实。

弘扬传承优秀传统文化的“滕州路径”

引　言

滕州历史悠久、文化灿烂，境内有7300年前的“北辛文化”遗址及滕国、薛国、小邾国等古文化遗址。近年来，围绕提升城市文化软实力、加快建设文化强市，滕州市坚持创新思路、丰富载体，大力弘扬传承优秀传统文化，着力打造富有浓郁地方特色的国内外知名文化品牌，充分彰显地域文化独特魅力。滕州市先后被命名为全国文化先进县（市）、“中国民间文化艺术之乡”、第四批“山东省民间文化艺术之乡”和首批“省级公共文化服务体系示范区”。

塑造“上善滕州”城市文化形象

春秋战国时期的“滕小国”，因滕文公礼聘孟子制定治国方略，“行仁政，施善教”，而为滕州留下了“善国”美名。崇善文化在滕州有历史渊源，是独具特色的地域文化符号。因此，滕州市把善文化作为城市文化的核心内容，研究发掘滕国推行仁政、实行礼制、兴办教育、改革赋税制度等富国强民的“善国”

历史，筹建善文化研究会，并与高校社科研究机构合作，重点研究滕国历史文化中善政治国、以民为本的东方政治智慧和人本主义思想，拓展善文化研究的高度、广度和深度。坚持研究与利用并重，大力弘扬崇善文化并赋予其时代精神，实施了滕国故城修复保护工程，建设了秀美荆河上善公园，在城区主干道修建了善国路，兴建了善国中学，在原滕县老县衙区域恢复重建了“善国门”，在城市人文环境中充实彰显“善国”历史文化特色和内涵的标志性元素。同时，将善文化建设与社会主义核心价值观建设、“四德工程”建设有机结合，广泛开展善国爱星、道德模范、最美滕州人评树活动，使崇善文化成为广大市民普遍认同的人文精神、核心价值和共同追求。

深入挖掘开发历史文化资源

为保护和利用好这些珍贵的历史文化遗产，滕州市坚持“保护为主、抢救第一、合理利用、传承发展”，近年来先后投资2亿元，实施了北辛文化、薛国故城、前掌大等历史文化遗址的修复保护工程，并对龙泉塔、观音阁、王家祠堂、中共滕县县委旧址、北大洋楼等一批古建筑进行保护维修。任继愈先生曾说：“滕州一地有墨子、鲁班两位伟人，足以为地方文化添光彩”。墨子是我国古代伟大的思想家、教育家、科学家和社会活动家，墨学思想博大精深，源远流长，是齐鲁文化的珍贵遗产，也是中华优秀传统文化的重要组成部分。墨子倡导的“兼爱、非攻、强本、节用”等方面的科学思想，是人类思想史上的精华，至今仍然闪烁着智慧的光芒。鲁班被称为“百工圣祖”，他的创造发明精神永远激励着我们创新思维、开拓进取。近年来，滕州市坚持挖掘和保护并举，加强墨子鲁班等优秀传统文化的传承和弘扬，推动班墨文化与时俱进。1990 年，市委、市政府就与山东大学合作，成立了山东大学滕州市墨子研究中心，1992 年成立了中国墨子学会，2010 年成立了国际鲁班研究会，并与山东建筑大学联合成立了鲁班文化研究院。10 多年来，已连续成功举办了 11 届国际墨子鲁班学术研讨会以及墨子小孔成像国际摄影学术研讨会，与 20 多个国家和地区的墨学专家建立了联系，形成以滕州市为中心，连接欧美、日韩的学术研究网络。编辑出版了《墨子大全》《墨子研究论丛》《墨学研究》等 300 余部、6000 余万字的研究论著及系列通俗读物；邀请王蒙、钱文忠、纪连海、鲍鹏山等知名学者作了关于墨子鲁班文化的系列讲座，分别在央视《百家讲坛》、山东卫视《新杏坛》播出；大型历史剧柳琴戏《墨子》分别在北京长安大戏院和中央党校成功演出，新编柳琴戏《墨子与鲁班》在苏鲁豫皖柳琴节上夺得多项大奖，进一步弘扬了墨子鲁班文化，扩大了滕州的知名度和影响力。

推树“班墨故里·红荷之都”文化旅游名片

滕州市充分发挥墨子鲁班研究和微山湖湿地品牌的优势，把文化旅游与经济社会发展有机结合。2004 年以来，已连续成功举办了国际墨子文化节、鲁班文化节以及 12 届中国（滕州）微山湖湿地红荷节，组织开展了丰富多彩的系列文化活动，扩大了滕州文化旅游的对外影响力和吸引力。另一方面，坚持以公共财政投入为主导，鼓励、引导各类社会资本参与文化建设，实施了一大批重点文化场馆建设。先后投资 10 亿多元，建成了全国县级最大的汉画像石馆、全国唯一的墨学研究纪念馆、全国功能最全的鲁班纪念馆、全国最大的砚台陈列馆、全国一流的县级博物馆、被誉为“江北兰亭”的王学仲艺术馆，修复了距今 1100 多年的龙泉古塔，在龙泉广场形成了“一塔六馆”的公共文化服务特色格局，并建设了墨子湿地公园、鲁班功德堂、鲁班湿地公园，集中展示滕州历史文化，每年参观的国内外游客达到60余万人次，实现了文化与旅游的良性互动。

积极探索经济文化融合发展新路径

作为民族软实力的体现，文化不仅要传承先贤、激励后人，更要与时俱进、面向现代；文化不仅是精神生活的需求，更是经济社会发展的推手。滕州市把文化产业项目、骨干文化企业和重点文化园区作为重点，坚持以产业带动文化大发展大繁荣，努力重塑文化的传播力、扩张力和影响力。实施了一批拉动作用强、示范效应大的文化产业项目。重点扶持发展好总投资100亿元的微山湖古镇、总投资16亿元的接官巷历史文化街区、总投资10.6亿元的龙园古镇、总投资3亿元的《小小鲁班》动漫等市场前景好、发展潜力大、比较优势明显的文化产业项目，培育产业特色，叫响产业品牌。目前，《小小鲁班》第一季208集样片基本制作完成，将在央视黄金时段播出。培育了一批有实力、有竞争力的骨干文化企业。重点扶持好汇通古镇文化旅游开发有限公司、华瀚轻工业品有限公司、盈泰生态温泉度假村、大宗旅游文化发展有限公司等骨干文化企业，增强企业实力，壮大产业体系。建设了一批辐射带动力强、产业孵化率高的重点文化园区。重点规划实施好鲁班文化创意产业园、葫芦套影视文化创意产业园、大坞洪山口文化创意产业园、龙腾水街文化创意产业园、善者文化创意产业园、软件产业园等文化产业集聚区建设，培育综合性、多功能的文化创意产业基地，创造充足空间，营造良好环境。

启示与思考

启示一：弘扬优秀传统文化，要在加强研究阐发上下功夫。

实践证明，提高优秀传统文化的吸引力和影响力，首先要深挖优秀传统文化的积极内涵，有效激发其时代精神和旺盛活力。近年来，滕州市注重地方特色历史文化与打造城市品牌相结合，从中不断挖掘时代价值和文明理念，逐步形成了“上善滕州”这一城市精神，推出了一批烙印鲜明、影响广泛的研究著述和文艺精品，不仅让优秀传统文化得到了民众的广泛认同，能够活起来、传出去，而且有力提升了滕州的对外知名度和文化软实力。

启示二：弘扬优秀传统文化，要在凸显地方特色上下功夫。文化凝结过去、承载现在、启迪未来。只有牢牢把握地方特色，才能更好地延续优秀传统文化的根脉，激发起民众的文化自信、文化自觉和文化自强意识。滕州市坚持以历史文化遗址和文化名人品牌为抓手，充分利用墨子、鲁班、汉画像石等文化优势，在传统中寻找灵感和素材，推动传统文化基因与当代文化相适应，以人们喜闻乐见、具有广泛参与性的方式进行推广，将弘扬优秀传统文化与培育社会主义核心价值观、文化遗产保护、发展文化旅游等工作有机结合起来，有力激发了民众的文化自豪感，滋养了有利于经济社会持续健康发展的精神家园。

启示三：弘扬优秀传统文化，要在产业化运作上下功夫。产业思维是推动优秀传统文化实现创造性转化、创新性发展的必由之路。滕州市充分发挥文化产业在优秀传统文化传承中的积极作用，不断推动传统文化与和产业跨界渗透融合。大力开发文化旅游产品和服务，积极发展动漫、游戏、网络、数字等新兴文化产业，推动优秀文化内容与高新技术紧密结合；引导民间资本、社会资本和境外资本进入文化产业，有效助推了文化产业转型升级；依托在工艺品、文体用品、广告设备等方面的比较优势，实现传统文化元素在产品研发、制造加工、市场营销、品牌提升的“全程融入”，在传统与现代的融合中实现了文化传承和经济发展的双赢。

枣庄市薛城区志愿服务：探索引领文明创建之路

引　言

在薛城，有这样一群人，他们不分男女老幼，均头戴红帽子，身穿红马甲，穿梭在大街小巷，做着平凡而温暖的小事，他们有一个共同的名字——志愿者。志愿服务是现代社会文明程度的重要标志，近年来，枣庄市薛城区以推进社会主义核心价值体系建设为根本，以弘扬雷锋精神为核心，大力倡导“奉献、友爱、互助、进步”的志愿服务精神，高度重视发展志愿服务工作，志愿者队伍不断壮大，服务领域不断拓展，服务项目不断延伸，探索走出了一条以志愿服务引领文明创建的新路子。

弘扬古薛善行文化

薛城区地处枣庄市西部，是山东省的南大门，是造车鼻祖奚仲故里、闻名中外的铁道游击队的故乡，全区辖 5 镇 5 个街道和 1 个国家级高新技术产业开发区、1 个省级经济开发区，总面积 520 平方公里，总人口 53 万人。这里风景秀丽，拥有国家级湿地公园——蟠龙河湿地公园、国家级抗战纪念设施——铁道游击队纪念园、山东省乡村旅游示范点——张庄石榴山庄等众多名胜古迹，是一座历史悠久，富庶宜居，文明和谐的现代活力之城，先后被评为“国家森林城市”“山东省园林城市”“中国赛车新兴城市”“国家智慧城市示范区”。

薛城区自古以来就是文明礼仪之邦，历史文化源远流长。近年来，在市委、市政府的正确领导下，薛城区以“建设市驻地、打造新薛城”为目标，围绕城市转型这一主线，全力落实“六位一体、产城融合”的工作思路，经济社会发展取得了显著成绩。随着物质文明的日新月异，精神文明并未同步提升；钱袋子鼓起来了，但人与人之间的关系也似乎疏远了。如何在思想日趋多样的同时，让社会有更大共识；如何在物质更加丰裕的同时，让精神世界更加丰富。社会呼唤着互帮互助的精神力量，城市期待着奉献友爱的精神氛围。为挖掘和传承古薛大地“善行义举”传统文化，近年来，该区顺应时代发展要求，尊重广大市民愿望，高度重视和大力发展志愿服务工作，不断壮大志愿者队伍，健全组织网络，拓展服务领域，完善工作机制，扩大品牌影响，推进了新时期志愿服务事业蓬勃发展。

健全志愿服务网络

长期以来，薛城区志愿服务工作具有比较扎实的群众基础，青年、巾帼、科技、助残、红十字等志愿组织做了大量卓有成效的工作，民间志愿服务组织也如雨后春笋，发展迅速，异常活跃。但是，由于缺少统一的组织协调，志愿服务处于一种无序的状态，运动式的服务多，常态化的服务少，逢年过节各类志愿服务组织的活动经常“撞车”。如何整合志愿服务资源，促进志愿服务健康有序开展，成为一个重要课题。

为进一步提升志愿服务水平，推进志愿服务活动健康有序发展，薛城区成立了志愿者协会，健全完善了“区、镇（街）、村（社区）”三级志愿服务组织工作体系，形成了区和区直系统有总队，区直单位和乡镇（街道）有分队，村（社区）有志愿服务站的“横到边、纵到底”的组织网络，形成了区文明办统筹指导、团区委抓总负责、相关部门密切配合、区志愿者协会具体实施的组织工作格局。目前，通过志愿者协会注册登记的志愿者人数已达到 2.6 万人。发挥志愿服务协会的牵头作用，协调青年、巾帼、双拥、红十字、老干部等志愿服务组织，打破行业、部门、条块等限制，按照“联合组建”“行业组建”“项目组建”“功能组建”等几种模式，整合资源，组建多支特色志愿服务团队，最大限度地发挥他们的潜能。大力发展民间志愿服务队伍，目前，全区以公民个人身份发起的民间志愿服务组织已达 20 多个，他们机制灵活、辐射面广、群众基础扎实。为了充分发挥这些民间组织的作用，区志愿者协会主动加强沟通联系，吸收他们的负责人担任区志愿者协会理事，经常性地召集他们进行座谈、征求意见，满腔热情地帮助他们解决遇到的困难和问题。通过这些措施，把这些“草根组织”统一到了“薛脉相连”旗帜之下，成为全区志愿服务活动的重要力量。

加快志愿服务工作平台化建设，新建了“志愿薛城”（www. xcqzyz. com）——全区志愿服务工作的枢纽型门户网站，涵盖“爱心人士的奉献平台、困难群众的求助平台、志愿服务的宣传平台、志愿组织的服务平台”四大主题功能，畅通了全区志愿服务信息交流和资源共享渠道。依托志愿者协会成立志愿薛城爱心基金公益账户，爱心基金通过爱心捐助和志愿爱心服务项目认领的方式进行筹集，专款实现救助、扶贫、助学、服务四个功能定位，通过爱心账户把社会爱心资源有效整合起来，服务困难群体，同时激励引导志愿者长期参加志愿服务活动。

面向社会公开征集了薛城区志愿者协会“薛脉相连”品牌

及专属LOGO，进一步统一了志愿服务标识、服饰、旗帜以及理念。志愿服务采用项目化运转模式，先后设计开展了“邻里守望”走进社区志愿服务活动、“最美夕阳红”关爱老人志愿服务活动、“重筑未来”关爱残疾人志愿服务活动、“共享阳光”关爱留守儿童志愿服务活动等一系列特色志愿服务活动。进一步规范完善了志愿服务记录、志愿者服务保障、志愿者培训等制度。区志愿者协会等各志愿服务团体荣获了“山东省青年志愿服务先进集体”“枣庄市志愿服务优秀组织”“枣庄市青年志愿服务先进集体”等荣誉称号。“薛脉相连”——志愿服务品牌创新工程荣获薛城区2014年度宣传思想工作“奚仲创新奖”。

立足创城开展活动

实践证明，要使志愿服务具有持久的生命力和影响力，必须适应社会发展需要，围绕党委、政府的工作大局，激发人民群众的内在动力，在全社会形成一种“我参与、我奉献、我快乐”的浓厚氛围。创建省级文明城市的号角吹响后，薛城区积极组织广大志愿者以高度的责任感和紧迫感，全力投入创城工作中，深入开展形式多样、成效显著的创城志愿服务活动。

*开展文明知识宣传普及活动。*在临山广场、奚仲广场、汽车站等地设立了长期宣传点，向广大市民发放创城资料和倡议书30000余份，普及文明礼仪知识，提高了市民对创建省级文明城市工作知晓率。以“小手拉大手、共建文明城”为主题开展了“童筑中国梦”“少儿爱心集市”“少儿文化艺术节”等亮点纷呈的活动。开展创城全民签名传递活动。专门制作印有创城宣传口号的大型加长条横幅，在临山广场、奚仲广场等人流密集地点开展万人签名传递。在善利元、贵诚等大型超市设

立多处签名墙，向广大市民发放创城宣传资料和倡议书，鼓励更多市民知晓并参与到创城行动中来。开展创城志愿骑行宣传活动。组织志愿者组成创城骑行队围绕城区主干道骑行，借助城市公共自行车，安装宣传标语旗帜，配发宣传资料，向行人宣传创城知识，创城期间共开展骑行宣传活动 30 余次，营造了良好社会氛围。

开展创城文明劝导志愿服务活动。面向社会专门招募了 60 余名交通劝导员，在全区主要道路十字路口和交通高峰时段协助交警疏导交通、维护交通秩序，对行人、非机动车随意横穿马路、闯红灯等不文明行为进行劝阻。组织类志愿服务组织走上街头和公共场所，及时提醒和劝阻随地吐痰、乱扔果皮纸屑、闯红灯、翻越护栏、损坏公物、不排队、不让座等不文明行为，引导市民逐步养成良好行为习惯。

开展创城环保志愿服务活动。组织广大志愿者队伍开展了卫生义务大扫除 50 余次，按照全覆盖、无空白、无死角的目标，对主次干道、河道、城乡结合部等节点，加大环境净化工作力度。开展了清除“城市牛皮癣”志愿服务活动，针对城市主次干道沿街的“乱贴、乱写、乱画、乱挂”小广告等，组织志愿者配合城管环卫部门进行义务清洁活动。开展创城志愿便民服务活动。组织具有一技之长的志愿者组成专业化服务队在临山广场、奚仲广场大型社区开展健康查体、法律咨询、家电维修等系列便民服务活动，积极为群众排忧解难。创城期间共接受保健咨询、健康查体 2600 多人次，发放健康处方 1000 多分，健康知识宣传单 3000 多份，为群众解答法律问题 500 余次。

扎根社区服务群众

社区，是人们日常生活的主要场所，更是志愿服务对象生活工作的主要区域。以社区为起点，既能兼顾志愿者的时间，又能让服务对象得到更方便的帮助。

一是建设社区志愿服务工作站。为进一步推动社区志愿服务常态化、规范化、有序化发展，根据创建省级文明城市和推进社区建设的有关要求，薛城区专门制定下发了《关于加强城市社区志愿服务工作站建设的实施意见》，社区志愿服务工作站按“六有”标准建设（有经常性的志愿服务项目、有稳定的志愿者队伍、有必要的投入经费和运行经费、有适于开展工作的场所并配备办公设备、有专兼职志愿服务管理工作者、有规范的组织管理制度），建立社区居民广泛参与、活动形式多样、机制体制健全的社区志愿服务体系，真正将社区打造为“人文大社区、和谐大家庭”。

二是开发培育特色志愿服务项目。团区委、区志愿者协会启动了“邻里守望·情暖薛城”系列主题志愿服务活动。目前，已举办了“最美夕阳红”关爱老人、“留守儿童阳光家园”、“订单式培训”关爱农民工等系列志愿服务活动，开展关爱空巢老人、留守儿童、残疾人，走访慰问道德模范和身边好人活动200多次。出台了《薛城区邻里守望志愿服务活动方案》，规划出了社区志愿服务活动“路线图”，指导志愿者们根据就近就便原则从身边做起，立足社区，采取“一对一、多对一”等方式，根据服务对象的不同需求，有针对性地开展志愿服务活动。

三是健全社区志愿者服务队伍。尊重居民在社区志愿服务中的主体地位，引导社区居民注册成为志愿者，鼓励社区志愿者每人每年提供40小时左右的志愿服务。积极发动党员、公务员、教师、医护人员、法律工作者、文艺工作者等具有专业知识背景的人员，到所居住或工作的社区注册成为志愿者，协助社区开展帮扶困难群众的志愿服务活动。

启示与思考

启示一：搭建平台是凝聚志愿服务力量的有效途径。社会中并不缺少热心公益事业的人，但如何将这些单独的个体以有效的方式汇集起来，凝聚成强有力的公益力量？这就要求地方管理部门善于整合资源，“顺水推舟”予以科学引导，充分调动各方参与的积极性，让志愿服务活动更加“水到渠成”。在这方面，薛城区成立了直达镇村的志愿者服务组织体系，借助党委政府力量，整合公共资源，打通信息渠道，让志愿服务告别“草台班子”和“自发行动”，变得更加正规高效，有效推动了志愿服务的规范化、常态化发展。特别是开设了“志愿薛城”枢纽型门户网站，打造了“薛脉相连”品牌和专属LOGO，不仅提升了志愿服务的影响力和覆盖面，而且点燃了社会各界的参与热情，使志愿服务真正成为一种社会风尚和精神追求。

启示二：精准帮扶是提升志愿服务针对性和实效性的必然要求。开展志愿服务要始终把更好地满足服务对象需求作为出发点和落脚点。因此，“滴灌式”的精准帮扶比“漫灌式”的普惠更能把有限资源和资金用到刀刃上。现实中，志愿者缺少渠道，难以准确地了解社会的有效需求，服务的对象和领域有很强局限性，降低了服务效率，也不利于志愿服务健康持续发展。为破解这一难题，薛城区坚持志愿服务项目化运作，以优质服务资源精准对接社会需求。一方面，围绕党政工作大局，有针对性地组织系列志愿服务活动，做到有的放矢、确保实效，避免浮光掠影、走走过场。另一方面，认真分析研判，将空巢老人、流动儿童、农民工、残疾人、困难家庭作为服务重点，培育和扶持一批志愿服务长效品牌，真正把志愿服务做到群众心间。

启示三：加强保障是实现志愿服务长远发展的有力支撑。对个人而言，从事志愿服务大多不计名利、不求回报。但是对于整个社会来讲，各级党委政府旗帜鲜明地倡树“好人好报”的价值导向，将对整个社会风气的好转提升产生十分积极的正面影响。薛城区积极探索志愿服务激励回馈机制，按照辖区常住人口或户籍人口每人每年一元的标准，从财政拿出资金设立志愿服务活动专项经费，以政府购买、服务时间兑换等形式，形成了可持续的志愿服务“服务—回报”转化机制。同时，引入保险公司参与志愿服务工作，对每位注册志愿者发放保险卡，记录志愿服务信息，根据志愿服务等级，为志愿者服务切实提供相应的人身保障，切实维护好他们的基本权益，免除其后顾之忧，以此影响和带动更多的人投身到志愿服务中去，形成了志愿服务活动蓬勃开展的良好局面。

“千村万人文化培训工程”：把文化的“种子”播撒到基层

引　言

为全面提高基层文化工作者的综合素质和服务能力，从2014年开始，东营市启动实施“千村万人文化培训工程”，在文化人才队伍建设方面进行了积极有效的探索实践，提高了公共文化服务的针对性和有效性，使各级公共文化服务阵地的作用得以充分发挥，老百姓也享受到了更多更好的公共文化服务。在全省17市科学发展综合考核群众满意度电话访问中，东营市群众文化生活情况连续3年在测评的所有项目中得分名列前茅，位居全省前列。2015年5月，东营市成功获得第三批国家公共文化服务体系示范区创建资格。“千村万人文化培训工程”把文化的“种子”播撒到基层，孕育了东营文化事业繁荣发展的春天。

从“硬件”足够硬，到“软件”不能软

“仓廪实而知礼节，衣食足而知荣辱。”随着经济社会的发展和人民生活水平的提高，群众对精神文化生活的需求也大幅增长。该如何有效满足群众的这一迫切需要？

近年来，东营市以创建公共文化服务体系示范区为目标，全力构筑"结构合理、发展平衡、网络健全、运行有效、惠及全民、覆盖城乡"的公共文化服务体系，取得显著成效。特别是在城乡公共文化服务设施网络建设方面，市级规划建设了水城雪莲大剧院、图书馆新馆、吕剧博物馆、黄河文化博物馆等标志性文化设施，五个县区相继建成了一批高标准公共文化基础设施。全市40个乡镇（街道）全部建成综合文化站，行政村（社区）文化活动室和文化广场实现全覆盖，市、县（区）、乡（镇）、村四级公共文化阵地已经形成体系，为基层文化活动的开展奠定了坚实的"硬件"基础。

"硬件"硬了，"软件"怎么办？如何让群众更好地享受到近在身边的文化服务？各级公共文化服务设施怎样统筹资源发挥实效？能否探索新的模式满足群众日益增长的文化需求？这一系列问题摆在东营文化工作者面前。群众不仅是文化的受益者，更是文化的创造者。只有充分尊重群众的主体地位，充分发挥群众的主观能动性，让群众真正成为文化舞台的主角，文化工作才有源源不竭的动力和活力。然而，要想让群众真正成为文化舞台的主角，必须培养一支高素质的基层文化队伍，这是建设现代公共文化服务体系的重要内容，是满足群众基本文化需求、促进基本公共文化服务均等化的重要保证，更是推动公共文化服务向全覆盖、高效能转变的重要途径。

"千村万人文化培训工程"由此提上日程。2014年4月，全市"千村万人文化培训工程"——这一惠及广大基层文化工作者的民生工程正式拉开帷幕。

从"教什么学什么"，到"你点单我配送"

不同于以往"一勺烩"、"一般粗"式的培训，"千村万人文化培训工程”按照分级分类和全员培训的原则，根据基层文化工作需要，采取市、县（区)、乡镇（街道）三级联动的方式进行。其中，市级培训，主要是对全市乡镇（街道）综合文化站站长、部分村（社区）文化活动带头人、村（社区）的国家、省级、市级非物质文化遗产传承人等进行培训；县区培训，主要是对乡镇（街道）综合文化站业务骨干、村（社区）文化管理员（指导员)、村（社区）群众文化活动带头人、文化志愿者、社会文艺团体和庄户剧团主要负责人、村（社区）的县区级非物质文化遗产传承人等进行培训；乡镇（街道）培训，主要是对辖区行政村、农村社区、城市社区群众文化活动骨干、民间文化名人等进行培训。

“从培训方案的研究制定到组织实施，我们始终把群众意见作为最重要的衡量标准。群众喜欢什么，需要什么，我们就培训什么。只有这样，我们的培训才有意义。”正如东营市文化馆负责人所说的一样，市、县（区)、乡（镇）三级按照“工作统一部署、服务统一标准、培训各有特色”的工作机制，坚持重心下移、资源下移、服务下移，充分利用域内外知名高校、民间团体、文艺机构等单位资源，让群众自选培训项目，拓展培训内容，通过集中培训、辅导培训、专题讲座、以会代训、联合培训等不同形式，实现了“预约式”、“订单式”服务。

“学以致用、学用结合”方能最大限度地确保培训效果。在培训开展过程中，东营市把任务需求、岗位需求和本人需求有机结合起来，充分激发基层文化工作者参加学习培训的内在动力，增强培训的针对性。基层文化干部队伍培训方面，重点加强对基层文化建设形势和政策、文化法规、公共文化服务设施管理使用知识、文化艺术专业知识、群众文化活动组织策划等内容的培训；业余文化骨干培训方面，重点加强对公共文化服务设施设备使用知识，舞蹈、音乐、戏剧、曲艺、作品鉴赏等文化艺术基本知识，群众文化活动组织开展等内容的培训；非遗传承人培训方面，重点加强对非遗保护工作的方针政策和总体情况、非遗保护传承工作的基本要求、传承人收徒传艺交流等内容的培训。

同时，东营市对各级各类培训制定了硬性标准，比如对市、县（区）、乡（镇）三级每年最少开办培训期数进行明确规定，每期培训时间应不少于5天，所有培训全部由政府买单等等，一系列有效的措施有力确保了“千村万人文化培训工程”的顺利实施。一支支有着良好素养、专兼结合、充满活力的基层公共文化服务队伍活跃在城乡大地，将一粒粒文化的“种子”播撒到了广袤的原野。

从播撒“种子”，到收获“果实”

“以前我们也经常自发地组织一些文艺活动，但苦于没有专业人员辅导，水平档次一直上不去。”说起剧团发展曾经面临的困境，利津县陈庄镇吕韵庄户剧团团长这样感慨道。团长所说的问题，也是东营市许多庄户剧团发展都曾经面临的难题。“现在好了，县里文化馆的专业老师不仅帮我们编排节目，还定期对我们进行辅导，大家参与的积极性越来越高了！”团长高兴地说。

与团长同样高兴的，还有陈庄镇社区广场魅力四射舞蹈队的队员们。这支由社区居民自发组建的舞蹈队，刚刚在全县广场舞电视大赛中获得一等奖。“以前都是在网上看人家怎么跳，我们就照葫芦画瓢学着怎么跳。现在专业的培训直接送到了家门口，太方便了。”这些喜人变化的出现，正是得益于“千村万人文化培训工程”在东营全市范围的全面铺开。“千村万人文化培训工程”实施以来，市级连续两年举办文化广场辅导员（广场舞）培训班、乡镇（街道）综合文化站站长培训班和公共电子阅览室信息管理系统安装工作培训班。东营区组织开展了基层文艺骨干吕剧培训班、社会体育指导员培训班、广场舞培训班、健身秧歌培训班、声乐辅导培训班、曲艺培训班等各类培训活动百余次。河口区举办了舞蹈辅导员培训班、少儿曲艺培训班、声乐研讨培训班、农村文化管理员培训班。广饶县组织开展了百姓文化大讲堂巡讲活动。垦利县举办了黄河口扇鼓秧歌培训班、广场舞培训班、“非遗进校园”传统培训班、戏曲培训班等。利津县对乡镇（街道）综合文化站业务骨干、村（社区）文化管理员（指导员）、村（社区）群众文化活动带头人、文化志愿者、社会文艺团体和庄户剧团主要负责人、村（社区）的县区级非物质文化遗产传承人等进行了全面轮训。截至2015年底，“千村万人文化培训工程”累计培训基层文化工作者达4万余人次。

基层文化队伍的迅速成长壮大，进一步夯实了基层文化阵地，激发了文化工作活力，丰富了城乡群众精神文化生活。作为构建现代公共文化服务体系的重要组成部分，“千村万人文化培训工程”与创建国家公共文化服务体系示范区建设有机结合，与打造文化志愿服务亮点工程有机结合，与建设公共文化服务网络有机结合，提升了公共文化服务的社会效益，有力助推了东营市现代公共文化服务体系建设。2015年初，东营市作为全省17市中的唯一代表，在全省文化工作会议上就现代公共文化服务体系建设的经验做法作典型发言。5月，东营市获得成功获得第三批国家公共文化服务体系示范区创建资格，成为山东省唯一入围的城市。

“千村万人文化培训工程”，无论是“千”还是“万”，所代表的不仅仅是一串简单的数字，更是东营公共文化服务走进大众、深入基层的决心和力度。文化的“种子”已经播下，扎根人民群众这一深厚沃土，这些“种子”必将茁壮成长、吐露芬芳，东营市的文化事业也必将昂首走进欣欣向荣、百花齐放的春天里！

启示与思考

1. 加强基层文化人才队伍建设是打通公共文化服务“最后一公里”的关键环节。文化发展的源泉在基层，文化成果的普及也在基层，特别是乡镇（街道)、村（社区）文化建设是公共文化服务体系建设的终端末梢，是保障基层群众基本文化权益、促进公共文化服务均等化的落脚点。加强基层文化人才队伍建设，提升文化人才队伍服务能力，对于落实公共文化服务“重心下移、资源下移、服务下移”的要求，满足广大人民群众精神文化生活需求具有不可替代的作用。当前，东营市正在全力推进国家公共文化服务体系示范区创建，全市40个乡镇（街道）全部建成综合文化站，行政村（社区）文化活动室和文化广场实现全覆盖，但基层公共文化产品和服务供给与群众需求还有一定差距。“千村万人文化培训工程”正是着眼于打通公共文化服务“最后一公里”，通过加强基层文化人才队伍建设，推进基层公共文化服务创新，真正丰富广大人民群众的文化生活，切实提升基层群众的“幸福指数”。

2. 基层文化人才培养必须“放长线”“接地气”。基层文化队伍处在文化建设的最前沿，最熟悉群众的所思所想，最了解群众的文化需求。基层文化人才培养不是一蹴而就的，它更像一颗“种子”，需要发芽、生长、开花，最后才能“结果”。这就要求我们必须根据基层文化事业发展的需要和文化人才队伍的现状，制定具有针对性、前瞻性的培训规划，对基层文化人才队伍进行系统化、长效化培训。同时，种子的萌芽需要适合的“土壤”，要注重因材施教，根据基层的不同需求和个人的实际情况采用“预约式”“订单式”培训，充分发挥基层文化人才的特长。特别是针对众多扎根基层的乡土文化能人、民间文化传承人以及具有较大影响力的民间文艺团体等，他们生长、生活在基层，具有较为牢固的群众基础和较强的组织能力，要注意将其纳入文化人才培养规划，进行定向鼓励扶持和重点辅导培训，进而激发基层文化工作活力。

3. 基层文化人才培训不能“纸上谈兵”，要强化实践操作。东营市将实施“千村万人文化培训工程”与开展“进千村乐万家”文化惠民活动、“黄河口之春”系列文化活动、“放歌黄河口”广场文化活动、广场舞大赛等活动有效对接，充分利用送戏下乡、节庆假日，整合各级各类文化人才培训力量和培训平台，创新业务培训形式，以群众性文化活动为载体，在实践中解决具体实际问题，带动基层文化人才队伍业务素质提升，使之成为群众文化工作管理上的能手和文化活动辅导上的行家。

项目化社区志愿服务暖民心

引　言

东营因油而生、因油而兴，一个年轻富有活力的城市。2015年2月28日，第四届全国文明城市垂青，令这座年轻的城市再次成为焦点。而志愿服务作为城市文明建设的重要组成部分，在这座年轻的城市中显得越发光彩夺目。

时间在流逝，爱心永相随。作为由无数志愿者启动的美丽梦想，志愿服务365天，全年无歇，哪里有需要，哪里就有红色马甲的身影。

顺势而起，一石激起层层涟漪

2014年，3月5日学雷锋日到来之际，中共中央总书记、国家主席、中央军委主席习近平同志在给“郭明义爱心团队”的回信中写道：“雷锋精神，人人可学；奉献爱心，处处可为。”他号召全社会践行社会主义核心价值观，积极向上向善，学雷锋、树新风，让雷锋精神在祖国大地蔚然成风。随即，中央文明委印发《关于推进志愿服务制度化的意见》，强调要紧紧抓住培育和践行社会主义核心价值观这个根本任务，坚持把志愿服务与学雷锋活动结合起来，坚持以社区为重点，坚持社会化推动，推动建立中国特色志愿服务制度。中央文明办印发了《社区志愿服务方案》，明确要求以社区志愿服务为主，坚持把开展志愿服务与创新社区治理结合起来，大力培育和践行社会主义核心价值观，大力弘扬“奉献、友爱、互助、进步”的志愿精神，广泛开展形式多样的志愿服务活动，推进社区志愿服务制度化，营造我为人人、人人为我的良好社会风尚。

落实上级精神，结合东营实际，市文明委进一步提出了下步志愿服务工作的总体思路，即突出社区志愿服务项目化，从“办得到、群众迫切需要”的事情做起，重点针对生活困难群众和老年人、青少年、残疾人等重点服务对象，以邻里守望、相互关爱、服务社会为主题，以完善民生服务、改善人际关系、增进社区文明、提升生活品质为目标，广泛开展形式多样的志愿服务活动，让居民在参与中感受友谊和谐，看到社会美好，享受幸福生活。至此，里程碑式的“志愿服务大戏”拉开帷幕。

绽放新颜，众志成城谋篇布局

长期以来，志愿服务工作以学雷锋活动为主要形式存在，民间顺口溜“雷锋三月来四月走”是志愿服务工作的真实写照。志愿服务浮在表面。很多城市社区都建立了志愿服务工作站，依托社区工作人员成立了各种志愿服务队伍，但限于社区工作人员的工作精力，不能抛开社区工作全身心投入到志愿服务中来，开展的活动只能“蜻蜓点水”，“点到为止”，服务效果不明显，无法满足社区群众的实际需求。志愿服务形式单一。过去社区志愿服务多以清扫环境卫生、开展走访慰问等形式出现，多为单项服务或一对一服务，把志愿服务活动的内容局限在狭小空间内，无法实现外延式拓展、饱和式发展。志愿服务集中突击。很多志愿服务活动以工作任务的形式进行安排部署，压制了社区群众的首创精神，出现了以启动仪式代替具体活动开展，以集中突击代替持续实施，群众感觉工作不实、形式主义。

改变现状，开局很关键。为此，2014年在确定全市第一批社区志愿服务项目过程中，按照“以人为本，服务群众”“注重培育，加强示范”“按需设计，系统规划”三项原则，以群众需求为导向，向城市社区和居民发放调查表5000余份，分类汇总志愿服务项目204项，通过进行可行性评估，最终确定涵盖扶弱济困、文体活动、便民利民、低碳环保、治安防控、文明风尚等内容的志愿服务项目134个。

从2014年5月份开始到年终，25个专业志愿服务组织活跃于33个城市社区之中，形成了一批特色志愿服务活动品牌。东营区辛店街道明珠社区在东营汽车西站、火车站建设了2处“阳光小木屋”，由20多名志愿者负责，为旅客提供免费饮水、手机充电、报刊赠阅、城市向导等服务，累计服务13500多人次。东营区胜利街道胜宏社区创建“一米阳光”志愿服务团队，吸引社会公益组织18个、志愿者1200余人，组织开展主题志愿服务活动180余场次，让社区困难群众充分享受阳光温暖。以东营地理性植物“海蓬”为标识的“海蓬”志愿服务团队，志愿者达2000余人，持续开展“海蓬”志愿服务行动，形成了“扎根基层、自强不息，担当履责、蓬勃发展，真情服务、众志成城，善小常为、无私奉献”的“海蓬精神”。

2015年，东营市又确定了150个第二批社区志愿服务项目，项目活动成果在东营志愿服务网进行了集中展示，既是对项目实施的成果展示，又是对项目实施的监督。目前，东营市注册志愿服务组织达850个，注册志愿者12万人，志愿服务活动展示达4800多次，社区志愿服务项目化带动作用逐渐显现。

巧妙应对，志愿服务高歌猛进

项目科学性如何把握、实施主体力量单一、保障力度薄弱等突出问题，成为阻碍社区志愿服务项目顺利实施的现实难题。在不断总结推进社区志愿服务项目成功经验的基础上，着力破解现实难点问题，逐步在深化社区志愿服务项目上趟出了路子。

形成“一套流程”，规范项目运作机制。制定了《东营市社区志愿服务项目管理实施办法》，形成“一套流程”，实现项目运作“六步走”。一是征集。向社区居民发放《社区志愿服务项目需求调查表》，由群众申请、社区填写、街道办事处初审、区文明办审核上报、市文明办负责分类汇总。二是评估。组织相关领导、专家、学者组成专家评审组，对申报项目的目的意义、实施基础、保障措施等进行可行性评估，按照项目的轻重缓急，剔除不合理服务项目。三是发布。组织召开全市社区志愿服务项目发布会议，对确定的志愿服务项目进行公开发布和现场领受，由社区和项目承担团队签订《项目承诺书》，接受社会监督。四是实施。规定社区志愿服务项目实施周期，由承担单位与社区进行项目对接，适时开展志愿服务活动。五是考核。项目实施完成后，由项目社区和承担单位形成项目总结报告，提出项目考核申请，由市项目考核组实地考核验收。六是表彰。对实施效果良好的项目，在完成项目资金扶持的基础上，择优进行表彰奖励，对于实施过程中的先进典型予以宣传推广。

引入“多支队伍”，拓展项目参与主体。为让更多的志愿者参与到活动中来，着力建立多层次参与模式，构建项目参与社会化格局。一是党员带头参与。组织市直机关党组织和党员，深入开展以“共驻共建、建设美丽家园”活动，认领社区服务岗、党员责任区“一岗一区”，服务社区居民，共建美丽和谐家园。

二是以专业志愿服务队为主体参与。在两批社区志愿服务项目中，由市各级卫生医疗、体育健身、文化娱乐、司法援助、红十字救护等志愿服务队领受的项目占比75%以上。三是社会志愿服务组织积极参与。东营义工、油城义工、东营区阳光爱心协会、“幸福里”社工等社会志愿服务组织也积极领受项目，扩大了社区志愿服务的群众参与面。四是新闻媒体深度参与。各主流新闻媒体在积极做好宣传引导工作的同时，与社区开展深度合作，东营日报的“志愿服务进社区”、黄三角早报的“社区文化汇”深受广大社区居民欢迎，目前两项活动已开展137场，服务社区居民6万余人次。

强化“两项保障”，助推项目顺利实施。一方面，抓好队伍培训。实施分级培训制度，重点建设两级培训网络。在市级层面，由市文明办与黄河三角洲高级培训中心合作，对新注册志愿者开展岗前培训，累计完成培训15000余人，切实做到不培训不上岗。在社区层面，引导社会力量进驻社区，成立社区志愿服务培训学校，针对社区居民开展定点、菜单式培训，目前已建立社区培训学校2所，培训6000余人次。另一方面，落实资金保障。2014年和2015年，市级财政分别安排经费200万元，专项用于志愿服务工作。针对小型社区志愿服务项目，按照不少于1000元标准给予扶持，主要用于解决志愿者交通、误餐补助及保险保障等。针对确定的大型志愿服务项目，还可以单独申请立项，市文明办支持经费单列，分项支持。

历久弥香，为民情怀铺就坦途

志愿服务对象多是普通人，服务内容多是平常事，只有以社区居民需求为导向，以群众满意为标准，不图形式，不走过场，才能真正实现社区志愿服务项目社会效益最大化。

大众参与，使志愿服务精神生根发芽。只有更多的志愿服务组织、市民参与到活动中来，让活动拥有更坚实的群众基础，志愿服务活动才有活力。2015 年 10 月 24 日，东营市义工协会河口分会敬老部来到河口区河康小区为空巢老人李师傅包水饺。“今天多包点，我要放冰箱里冻起来一部分。我从年轻就喜欢吃水饺，老了也喜欢吃。你们来给我包水饺我好口福，遇到大家也是俺的福气。八月十五的时候还给俺送来了专门为俺做的无糖月饼，俺真的很感动，太谢谢你们了。”简单的言语里道出了李师傅对义工志愿服务的无限感恩。2015 年 7 月，东营阳光爱心协会正式启动“寻找抗战老兵”活动，截至目前，已寻访超过 70 位老兵，为他们留下了珍贵的视频资料，并为他们带去了生活用品。幸福里社会工作服务中心、河口志愿者协会、利津县爱心公益协会……一个又一个的社会志愿服务组织，一直走在志愿服务的路上。低碳志愿服务、应急救援志愿服务、赛会志愿服务、科文法卫志愿服务，点滴小事，情暖民心，就像一滴滴水的汇聚，最终磅礴而下。耀眼的红色，代言了温暖，成了最亮丽的一道风景线。

专业团队，助志愿服务工作提档升级。志愿服务同样也是一项专业很强的事业。吸引专业的志愿者队伍广泛参与，对于拓宽社区志愿服务项目覆盖内容具有决定性作用。2015 年 6 月 14 日，是主题为“感谢您挽救我的生命”第十二个世界献血者日。为感谢那些无私捐献血液拯救他人生命的人们，提高广大人民群众对无偿献血的认识，推动无偿献血事业的发展，东营市博爱志愿服务大队、东营市无偿献血志愿服务队、胜利学院分队联合举行“世界献血者日”宣传活动。2015 年 10 月 20 日，由市文明办主办，东营市无偿献血志愿服务队承办的“关爱老人眼部健康，贫困白内障患者复明救助工程”活动正式启动，旨在让更多的贫困白内障患者重见光明，为更多家庭减轻负担。在东营市无偿献血志愿服务队的协调下，50 多位老人有条不紊地完成了眼部筛查，并接受了爱眼教育。为提高志愿者的专业水平，2014 年东营市在中国石油大学（华东）教育学院建立了市志愿服务培训基地，对志愿者进行相关知识和技能的培训，定期举办骨干培训班，增强了志愿者的中坚力量。

贴心暖心，让志愿服务之路越走越宽。在确定志愿服务项目过程中，积极搭建群众乐于参与、便于参与的活动平台，开展接地气、顺民意的活动，做雪中送炭的实事，办温暖人心的好事，让困难群众感受到社会的关爱和人间的真情。“当你老了，头发白了，睡意昏沉。当你老了，走不动了，炉火旁打盹，回忆青春。”这首歌引来了无数人的眼泪。当人口老龄化程度越来越高，当社区老年人越来越多，如何让老年人的晚年生活幸福快乐，成为当下很多社区工作的要点，也是社区志愿服务的重点。东营区福兴社区广泛开展关爱空巢老人志愿服务活动，积极为空巢老人排忧解难和提供心灵关爱的温暖，营造家庭幸福生活的良好氛围，在全社会培育“老吾老以及人之老”的道德风尚，为老人打扫卫生，梳理头发，还坐下来和老人一起聊天，关心老人的生活及身体状况，还鼓励老人多参加社区活动以及专为老人开展的系列活动，保持乐观向上的良好心态，享受晚年生活。河口区海宁社区开展的“烛光耀夕阳”老年人关爱工程，免费为辖区内 70 周岁以上老人送生日蛋糕。上半年为 85 岁老人冯玉珍、82 岁老人王明凤等 11 位老人送去了生日祝福，让老年人感受到了社会给予的浓浓关爱。“敬老爱老老少同乐会”“情暖夕阳红”等一系列贴近社区居民的志愿活动如火如荼地开展着，点滴小事，温暖民心。

“我们献上绵薄，他把高尚体现，我们力量微小，微小与伟大相连。这是我的心愿，心愿，让每朵花开烂漫，这是我的祈盼，祈盼，让每个生命扬起风帆。”志愿者在唱着属于他们的歌，用付出诠释了奉献和热爱，社区志愿服务项目也循着志愿者的足迹，越做越大，越走越宽，成为活跃在文明城市里的无可替代。

启示与思考

1. 志愿服务要引导正确的价值取向，促进社会和谐稳定。“奉献、友爱、互助、进步”的志愿精神，传承了中华民族助人为乐、扶危济困的传统美德，趋同社会主义核心价值观的主流价值取向。志愿服务代表着一种积极友善、健康向上的生活方式，促进了社会各阶层、各群体之间的社会认同。志愿精神以人性、道德、良知为逻辑起点，以服务他人为核心，注重社会道义，增强社会责任，激励人们投身志愿服务，不断提升人生境界，赢得了社会各界的广泛尊重，引导了全社会的精神追求，为构建和谐社会提供了必要的人文支持和行动机制。

2. 志愿服务要引领人们参与社会事务，激发社会自由活力。志愿服务能够满足人们当家作主、平等参与社会事务的需求，推动人们以一种乐观向上的态度追求进步和完美。通过参与志愿服务，将自己的知识、技能、特长转化为对他人、对社会真正有用的力量，强化了社会参与的广泛性和有效性。通过志愿服务，能够进一步释放和增强社会活力，促进人的全面发展，激发全体社会成员的积极性、主动性和创作性，为社会发展提供有利条件，从而推动社会治理体制的创新，让公民和社会组织充满了生机活力。

3. 志愿服务要利于优化资源配置，推动社会公平正义。志愿服务是政府和市场功能的重要补充，能够有效整合人、财、物等各种社会资源，促进资源有序流动，推动资源合理分配，实现资源充分利用，是优化资源配置的重要方式。通过志愿服务项目带动，在社区广泛开展医疗、教育、文体、助老、助残等志愿服务，把弱势群体作为主要服务对象，引导社会资源向社区群众倾斜，促进了社会资源的再分配，实现了资源在不同地域和领域的合理补偿及资源共享。通过志愿服务优化资源配置，有力地促进了城乡和区域协调发展、均衡发展和全面发展，推动了社会公平正义的实现。

打造基层“文艺轻骑兵”

引　言

在蓬莱，有这样一支小有名气的文艺队伍。

这支队伍，260 多人，却组成了 60 多支文艺小分队；他们人人都是好手、个个精通十八般曲艺；他们没有固定的演出场所，但城乡处处都是他们施展才华的舞台；他们不是大腕明星，但是拥有粉丝众多，每场演出都让人拍手叫好……

这支队伍，装备轻便、节目灵活、行动迅速；只要你有文艺需求，他就能来满足；在群众家中炕头唱大戏，到农村田间地头说评书，去厂矿工地赛歌喉……

这支队伍，三五成群，吹拉弹唱；我来教、你来学，各类曲艺任你选，不需花费一分钱……

这支文艺队伍，就是蓬莱的“文艺轻骑兵”。不论工作日还是节假日，不论是城市还是农村，哪里需要，他们就把舞台搬到哪里，或是在农村院落，或是在田间地头，或是在企业厂矿，不受场地影响、不讲究排场，关注文化资源匮乏区和弱势群体，为群众送去欢声、送去笑语是他们的执着追求。

把脉民需　“文艺轻骑兵”应运而生

作为全国文化先进县，近几年蓬莱群众文化活动开展的可谓轰轰烈烈。新春民俗季、仙境之夏、欢乐蓬莱行、我来露一手等系列群众性品牌文化活动持续开展，各类文艺演出队伍常年活跃在城区街头、农村集市等公共场所，形成了城乡处处有、四季不断档的热烈局面，每年开展各类群众文化活动超过5000场次。

可即便这样，还是有不少群众觉得不过瘾，发出对文化需求的强烈呼声。这些日子，老是在地里摘苹果，要是能听上几首提气的歌，该有多过瘾啊；我腿脚不灵便，平时下不了炕，村里有戏班子来表演时没办法去现场看啊；平常总是在厂里干活，休不几天班，总也捞不着出去看个节目、唱个歌……

群众的呼声就是努力方向。思考、调研、探索。蓬莱文化系统通过新闻媒体、网络论坛、网上民声、公开电话等渠道，开展了一场针对45万蓬莱人文化生活的调查活动，广泛征求群众对文化活动的需求和建议。同时，聘请人大代表、政协委员、社会各行业群众成立文化建设社会顾问团，参与对群众文化调研。通过调查发现，现有的文化活动大多数是在剧院礼堂、农村大集、文化大院等场所举办，受演出舞台和设备的制约，文化活动覆盖不到偏远农村山区，一些年迈体弱的老人、厂矿企业的倒班工人、农忙季节的农民等群体，无法参与其中。

针对这一实际，蓬莱转变工作思路，整合全市艺术家协会、文化馆、艺术团体等各类资源，选拔业务能力强、综合素质高的文艺骨干和文艺爱好者260多人，并根据专业特长不同，进行有机搭配和灵活组合，组建了3~5人的“文艺轻骑兵”队伍60多支。一支支灵活、轻便的“文艺轻骑兵”队伍，提着音响、拿着话筒、打着快板，走街串巷，深入到群众的“大后方”，把短、精、快的文艺节目，送到群众需要的地方，为他们增添一份欢乐，增加一分力量。

“哪里有需要，就出现在哪里，哪怕只是一首歌、一支舞，也要让浓浓的欢乐声充满仙境城乡的每个角落，让每名群众享受文化的滋润。”这成为每一位“文艺轻骑兵”队员的心愿。

广泛覆盖　文化阳光照亮每个角落

重阳节期间，蓬莱60多支“文艺轻骑兵”队伍忙个不停，几天里他们走遍城乡敬老院，深入孤寡老人家中，为他们送去了精心准备的文化“慰问品”。在村里集镇巩家村，常年卧病在床的巩良清老人在自己家中，欣赏了一出吕剧《借年》的选段表演，“真没想到，我这把年纪还能坐在炕头看大戏，这辈子还真是头一回。”老人异常激动。大辛店敬老院里，因为腿脚不便、眼花耳鸣，89岁的陈淑晴和87岁的张梅红两位老人已经很多年没有观看文艺节目，连电视机一年也打开不几次，可今天却在她们自己的屋子里，近距离的欣赏了“文艺轻骑兵”队员为她们演唱《母亲》后，感动得留下了热泪……

以往“漫灌式”的文化活动模式，能惠及90%的群众，但文化服务不能忘了少数人，满足剩余10%群众的文化需求同样重要。“文艺轻骑兵”正是针对这10%的群体而开展“滴灌式”服务。他们每人每月平均有10多天的时间，在基层走街串巷，到村头、田头、炕头，为那些走不出村、下不来炕、忙在地头的人送去歌声笑语，实现了文化活动的全覆盖。

不仅是针对特殊群体，灵活机动的服务方式，使“文艺轻骑兵”开展服务不受时间、地点的限制。在旅游景区，几支富有蓬莱特色的地方戏曲，让外地游客感受到蓬莱特色文化的魅力。在建筑工地，几块幽默风趣的相声表演，疏解了民工兄弟疲惫的身心。在车站码头，几曲动感欢快的歌舞，让出行的乘客忘记了旅途的辛劳……

灵活，几个人一凑就能活动；机动，男女老少、随时随地都能开展；多样，吹拉弹唱、舞文弄墨，形式丰富；经常，持续开展，四季常“绿”。大辛店镇龙阳村的“老文化人”韩德重这样评价“文艺轻骑兵”。

随风潜入夜，润物细无声。不论对比是新春民俗季、百日仙境之夏、欢乐蓬莱行、我来露一手等品牌文化活动这样的“集团军”，还是对比文艺汇演、健身舞大赛、文艺大比拼、合唱巡演等群众文化活动这样的“运动战”，“文艺轻骑兵”用他们丰富多彩的演出内容、灵活多样的演出形式、方便机动的演出场地，渗透到街头村尾，打出了一场场精彩的“游击战”，极大的满足广大群众需求，特别是那些出不了门、离不了岗、听不到歌的群众，真正让文化阳光照到每个角落，滋润每个人的心田。

你点我唱精准　服务满足群众需求

驻军蓬莱的91033部队，驻扎在山沟里，离最近的乡镇也有30多里路，出行十分不便，官兵们十分渴望与外界面对面的交流。“文艺轻骑兵”的队员们听说了，连夜为官兵们排练军旅节目，制定专门的节目单。在慰问演出现场，队员们甘愿当起官兵们的“点唱机”，《咱当兵的人》《白发亲娘》《绿旋风》……一个个节目让官兵们心里暖乎乎的。寒风瑟瑟，官兵们默默地将自己身上的军大衣披在了“文艺轻骑兵”的队员身上。

“哪里需要，我们就去哪，群众想看什么表演，我们会最大努力去完成。群众的需求，就是对我们最大的要求。”“文艺轻骑兵”的队员们根据孤寡老人、部队官兵、厂矿工人、农民渔民等对文艺节目的不同品味，把乡土味足、接地气作为基本条件，分门别类的打造有针对性的“节目单”，努力让节目对口、对味，满足群众的个性化需求，真正打通了文化悦民“最后一公里”。

做好“菜单式”文化服务并非易事。蓬莱建立了市文化馆、镇街文化站、村文化大院三级群众文化需求反馈沟通机制，在每个村、每个乡镇设立群众文化意见箱，建立群众文化需求台账，安排专门人员把搜集到群众对文化活动的需求，及时反馈到“文艺轻骑兵”专门建立的“群众需求库”。“文艺轻骑兵”的队员把多种渠道收集群众的需求，尤其是那些特别需要文化服务的特殊群体，进行互动沟通，只要群众“下单”，就按需“配菜”，上门“送菜”。

不仅如此，他们还根据群众的需求，不断创作乡土味十足的文艺作品。获得全国道德模范提名奖、山东省道德模范的王华堂夫妇，收养照顾脑瘫患者长达 43 年的事迹家喻户晓，很多群众建议将事迹编成节目表演。“文艺轻骑兵”几经易稿、反复编排，用了两个月编排成话剧《你们是我的依靠》，演出 100 多场次，场场爆满，很多观看的群众都被感动的流下眼泪。观众们都反映，十分喜欢看这样发生在自己身边的真人真事，都被他们身上的正能量深深感染。

蓬莱打破过去单向的灌输式模式，充分调查了解群众文化需求，实现了双向互动，与群众需求精准对接，照单配菜、按需服务。

送种结合　文化种子扎根基层

基层群众真正懂得专业表演的毕竟是少数，大多只是跳跳广场舞这样的较为普通的活动形式，像戏曲、乐器这样的节目虽然深受群众欢迎，但受到专业常识的限制，活动很难开展。所以文化惠民不能仅停留在“送文化”上，还应该在提升群众文化素质上下功夫。

近期，蓬莱市北沟镇西正李家村内，一场名为《我们村的那些事儿》的原创乡村实景话剧上演，让村里人自豪的是，参与这台演出的全部是本村村民。“有收垃圾的保洁员，有烧锅炉的，有修水管的，还有很多普通的农家妇女”，该村党支部书记介绍。“文艺轻骑兵”一行 5 人进村专门指导，从零开始，手把手教了两个多月，才有了这台精彩的演出。但对于握惯了锄头、没有任何表演基础的村民来说，完成这次演出并不容易。“天天儿练，上午 4 小时，下午 4 小时，直流汗。”50 岁的村里的保洁员，在最紧张的排练阶段，为了赶进度，把清垃圾的活儿都留到夜里干，经常忙到十一二点。下地干活儿，也随身带着“小喇叭”，跟着伴奏音乐，一遍遍复习动作。“今后，这些演员就组成了我们村不走的剧团。”

为扩大“种文化”的覆盖面，“文艺轻骑兵”采取集中培训、现场授课的方式，常年对文化能人、文化团体进行培训和辅导。有针对性地开展“板鼓声声”戏曲打击乐、非物质文化遗产、蓬莱大鼓等系列培训活动，辅导文化能人 960 多人。启动了农村文化“孵卵”行动，组织“文艺轻骑兵”深入首批 100 个村居帮助指导创作具有本村地域文化特色的文艺节目，打造了南王街道杏吕村杏花仙子舞、潮水镇山上李家村大杆号吹奏乐等 67 个品牌节目。

“文艺轻骑兵”的送种结合，让农民不再是台下的看客，握过锄头的手无需擦掉泥土，淳朴的面容无需涂脂抹粉，他们登上舞台就是主演，演的就是农村的传统和未来，演的就是生活在这方土地的血脉，就是要让文化的种子在他们中间生根发芽。

启示与思考

文化惠民要润泽大众，更需情系小众。推进文化惠民，满足群众精神文化需求，既要惠及绝大多数人，还要照顾因各种原因无法享受文化服务的少数群体。要通过采取机动灵活的服务方式，把文化惠民的触角延伸到城乡每个角落，让文化惠民的阳光照耀每个群众，才能真正形成公共文化服务全民共建共享的态势。蓬莱组建的“文艺轻骑兵”队伍，以小、快、灵的服务方式，将文艺演出送到农村院落、企业车间、部队驻地和偏远地区，让不能参与文化活动的群众也能够尝到文化发展的成果，很好地解决了一些群众享受文化服务受场地、时间及设备制约的问题，受到群众的欢迎。

文化惠民要与群众需求精准对接。说到底，文化服务是否真正惠民，关键是群众说了算。只有搞清楚群众需求什么，按需求提供群众喜闻乐见的文化产品，才会有吸引力，真正解群众文化之渴。“文艺轻骑兵”就准确抓住了群众的兴奋点，通过与群众需求精准对接，满足了群众不同口味。在此基础上，蓬莱根据群众需求进行积极探索，结合群众对想看好书、新书的需求，推出“你点书我买书”和“图书漂流”活动；针对不同层次群众口味，分门别类的制作个性化“节目单”，请群众“点戏”；为满足群众上电视、当主角的愿望，打造了我来露一手、才艺大比拼等参与性文化活动等，也产生了很好的效果。

文化惠民应重视发挥好小投入的杠杆作用。开展群众性文化活动不应只抓大放小，一味重视大投入，虽然场面轰轰烈烈，但高投入不一定符合群众口味，得到群众就认可，有时还会有雨过地皮湿的尴尬。从蓬莱“文艺轻骑兵”的实践看，“小投入”也会有“大产出”。投入成本很小，但通过灵活机动的组队方式、不受硬件制约的服务方式、更接地气的演出形式，撬动的却是文化供给覆盖面的不断拓深、群众对文化生活满意度的不断攀升，使小成本产生大投入同样有的效果。蓬莱“文艺轻骑兵”队伍平均每场活动费用不足200元，仅是一场普通文化活动费用的1/20左右，而群众对这种服务方式的满意率达98.2%。

数字广播“村村通”架起服务基层新桥梁

引　言

在莱阳市万第镇，农民群众都养成了每天早中晚三餐听听数字广播大喇叭的习惯，了解最新的上级政策、惠农事项、农技知识、创业信息，以及发生在身边的好人好事、大事小情。边吃边听边聊，什么也不耽误。用老百姓的话说，哪天没有听到，就像少点儿什么，吃起饭来也不得劲。深受群众依赖的这些大喇叭，就是莱阳市为打通农村思想政治工作“最后一公里”，在万第镇开展的数字广播“村村通”试点。

背景起因

当前，基层农村思想政治工作缺乏有效依托，不能较好发挥教育功能，党的创新理论、惠民政策经常受阻于“最后一公里”，主要表现在：

一是重视程度不够。在农村发展过程中，一些农村干部只注重抓经济发展，不重视思想政治工作。有的对打牌赌博、漠视亲情、宗族相欺、笑贫仇富等现象不闻不问；有的对封建迷信、婚嫁丧娶大操大办等不良风气听之任之；有的对开展广场舞、秧歌等群众性文化活动不予支持；更有甚者，还有的对抹黑党的形象、传播邪教置若罔闻，等等。久而久之，基层思想政治工作形成了难以打通的“最后一公里”。

二是有效手段不多。农村家庭联产承包责任制后，特别是国家取消“三提五统”后，村民与村集体的关联度越来越弱，群众对农村干部的依赖度明显降低，过去“白天干活、晚上开会”的模式再也不好用了。有的村庄一年也开不上一次群众会议，通过开会加强思想政治工作显然行不通了。农村传统大喇叭由于没有专业人员管理，也沦落成收取水电费的工具。微博、微信等新媒体在农村受众范围仅限于中青年群体，传统的明白纸、宣传车等教育手段效率低、累计花销大。

三是不良社会心态不少。当前，随着经济发展步入三期叠加的新常态，群众的民主意识、维权意识越来越强，在征地、信访、低保、计生、治安、养老等领域的利益诉求越来越多，再加上敌对势力、非法宗教对基层的意识形态渗透，使经济领域和社会领域的问题相互交织、彼此传导，不良社会情绪和矛盾时有发生。随之而来的还有厚葬薄养、黄赌毒等美丑善恶不分现象。在这种情况下，如何回应社会热点，理顺情绪，化解矛盾，培育理性平和的社会心态，对基层来说显得尤为迫切。

基于解决以上问题，莱阳市着眼网络数字化技术，围绕怎么做、谁来做、做什么等关键节点，在万第镇推行数字广播“村村通”试点，打造“短平快”的农村思想政治工作新手段。

具体实施

（一）政府主导、村庄配合，打造全覆盖宣传阵地。在市镇财政比较困难的情况下，多方筹措资金，在全镇范围内实施数字广播“村村通”工程，面向社会统一招标，由中标单位拿出3套切实可行的实施方案，分层面召开专题会议集体研究，广泛听取村庄意见，确保项目的可行性和实用性。在镇政府建设镇级播控平台，重新组建镇广播站；在各村庄村级活动场所（综合文化中心）专门划出功能区域，配备接收终端等基本设施，组建村级广播室。在全镇选取6个村先行试点，对技术稳定性和群众满意度进行多方论证，待建设方案充分完善后，再在其他村庄全面铺开，从而实现了全镇数字广播无缝覆盖。

（二）以兼为主、专兼结合，配强高素质宣传队伍。指导镇党委成立农村数字广播领导小组，配备1名副镇长担任专职站长，抽调宣传办、组织办、党政办、文化站的6名政治素质高、作风扎实、普通话水平高、材料水平强的年轻干部兼任镇级广播员、管理员。村庄层面安排大学生村官、党支部委员、“五老”人员兼任村级广播员，组建起由71人组成的镇村广播队伍。为提升队伍素质，增强工作实效，建立健全了定期业务培训和考核奖惩制度，每月邀请市电台、电视台业务骨干现场培训、指导授课，每季度召开一次评比考核，成绩纳入全镇科学发展考核，督促提高广播员业务素质和工作水平。

（三）丰富内容、创新形式，开创贴地气宣传格局。建立动态管理的数字广播内容配档制度，将党的创新理论、社会主义核心价值观、家庭建设、惠民政策、健康养生等纳入常规性宣传，制作相关内容音频，定期播放。同时紧密结合各级党委、政府的工作安排，把城乡环卫一体化、防火防汛、天气预报等作为阶段性宣传内容临时播放，对村级重大事项也全程公示，提高了宣传效果和工作实效。广播宣传形式上不拘一格、灵活多样，既有传统的稿件广播，也开设了好人宣讲、专家授课、草根讲座、亲子交流等子栏目，积极引导群众参与，形成良性互动，切实做到了贴近实际、贴近群众、贴近生活。

难点问题及应对举措

（一）多方筹措资金克服投入瓶颈制约。万第镇位于莱阳市城区东南20公里，辖64个行政村，人口5.9万，是典型的农业镇，2014年镇级财政收入574.6万元。如果数字广播“村村通”全部由镇财政投入，显然不现实。同样，莱阳市级财政也比较薄弱，难以提供有力支持。在这种情况下，克服“财政依赖”思维，创新思路，通过财政投入、中标企业垫支、对上争取、社会力量赞助等方式，基本解决了前期投入。同时，为节约开支，该项目还充分利用已建成的农村党员远程教育系统，合二为一；对农村原来的一些广播设备，也本着能用就用的原则，合理安排项目支出。

（二）依托网络技术突破统一操控难题。传统的农村大喇叭都是各自为战，广播什么、谁来广播都由村干部随意而为，主要用于向村民通知有关事宜，用途面狭窄，基本丧失了思想政治教育功能。为此，万第镇数字广播“村村通”依托网络技术，在镇政府建设镇级播控平台，对上可实现与市级总平台对接，实施上级指令及时传达；对下可远程监控、调度各行政村终端工作状态，从而形成了集自动广播、统一广播、定村广播、紧急广播、应急广播、镇级主播、村级插播等功能为一体的多功能平台。广播什么内容、什么时间广播，都由镇播控平台控制。在64个行政村安装网络接收终端，每个终端通过功率放大器驱动8个高音喇叭，确保全覆盖。为实现项目的后续跟进，该套系统还预留端口，将来可拓展延伸至每一户群众家中。

（三）坚持问题导向赢得群众充分认可。项目实施之初，面对老百姓的种种质疑，不少基层干部担心，万一操作不好，极容易回到传统大喇叭的老路，成为中看不中用的摆设。为打消这些顾虑，切实将这一项目作为惠民工程办好办实，项目实施过程中始终坚持问题导向，对传统农村大喇叭存在的弊端深入研究梳理，有的放矢地改进完善。特别是针对传统广播内容单一、广播时间不对头等缺陷，立足群众需求，开设了科学理论、惠民政策、创业致富、农业技术、便民服务、科普知识、文艺作品等内容版块。对环卫一体化评比，中考、高考，突发好人好事等，第一时间广播公布，大力倡树正能量。在广播时间上，每天早中晚三个时间段集中广播；每天晚饭后，为群众文化活动进行点对点播放音乐，在极大方便群众收听的同时，第一时间将党委政府的声音传播到最基层。

初步成效

（一）让理论政策“沉”了下去。数字广播“村村通”由于广播时间灵活，使理论宣传不受农忙时间限制，农民在地里、在炕头，都能听广播、受教育。广播内容完全立足群众实际需求，既有党的方针政策和重大理论解读，也有各级出台的惠民政策最新、最权威的解读。在科学理论宣传方面，以前很多群众受宣传手段和形式的制约，不愿听、不爱听，通过数字广播，群众由被动到主动、由不习惯到自然，党的创新理论真正实现全覆盖。惠民政策解读方面，比如新型城镇医疗保险、新型农村养老保险、粮食直补、计划生育奖补等政策解读，老年卡办理政策、程序、时间和地点，以及各种费用的计算、各种惠民卡的使用，都在第一时间用群众听得懂的“大白话”进行解读，切实让群众成为“明白人”“政策通”。据统计，数字广播开通以来，群众对相关问题的咨询电话比以往少了7成，所有惠民事项，基本一次就可以全部办妥，群众满意度明显提升。

（二）让群众素质“升”了起来。配合乡村文明行动，突出环卫一体化、移风易俗等重点，利用数字广播开设“新农村新生活”栏目，坚持正面引导和负面监督双轮驱动，每月第一时间通报64个村庄环境卫生评比名次，对梨乡好人、好媳妇、好婆婆、模范保洁员、十星级文明户等先进典型和好人好事随时广播。谁家孩子考上大学，谁家孝亲敬老、邻里和睦、热心公益、卫生整洁，都会通过广播及时宣传，并对一些先进典型深度挖掘，请他们现身说法，畅谈婆媳相处、教育子女等方面的先进经验，大力倡导文明新风尚，促进社会和谐。同样，对不孝不敬、厚葬薄养、邻里纠纷、乱扔垃圾、乱堆柴草、乱放家禽等不文明现象也及时曝光。由于广播的都是三里五村的身边事、身边人，对群众触动很大，舆论监督作用无形中得到了强化，正能量成为社会主流。数字广播开通一年来，群众踊跃参加各类文明评选的积极性明显增强，参与度达到80%以上；农村垃圾箱利用率也由原来的63%提高到96%，群众参与农村环境整治的自觉性明显增强，环境面貌显著改观。

（三）让创业本领“强”了起来。依托数字广播这一平台，加大对先进农业技术的普及力度，对适宜在本地种植的苹果、黄金梨、酿酒葡萄等经济作物，小麦、玉米、花生等大田作物，以及各类专业化养殖项目，安排农技专家全程跟踪宣传管理技术，切实让农民放心安心，少走技术弯路，增加农业收入。同时，广泛搜集适合农民的创业项目和创业信息，及时向群众发布。在此带动下，仅2015年，全镇苹果种植就发展了2515亩，新增地瓜干、火烧、蜂蜜等特色农产品加工专业户820余户。此外，大力宣传土地流转、农业产业化经营等先进经营理念，发动群众积极参与。高卓村引进了恒润食品有限公司投资的果园基地项目，成功流转了393户的1000多亩土地，提高了土地使用价值，原本30～50元/亩的耕地，企业租赁价格为平均400元/亩，无形中增加群众的收益。项目建成后，农民到项目基地打工，每年平均收入增加4000~5000元。南薛格庄村按照“党组织+合作社+农户”模式，由村党支部牵头成立满山红合作社，并以合作社的形式组织村民按照标准化模式栽植苹果，规划面积2000亩，目前已吸纳社员60户，完成投资600万元，栽植苹果1000亩、5万株，配套50KW扬水站一座、铺设输水管道2800米，项目见效后年可为群众增加收入3000万元。该镇还先后涌现出梁家夼、后石庙、儒林泊等省级传统文化村落，乡村旅游、红色旅游等特色村庄初具规模，为群众致富、农村发展夯实了基础。这一些，都离不开数字广播发挥的积极作用。

(四) 让干群关系“好”了起来。通过对各类惠民政策的及时宣传解读，切实让群众了解上级政策，明白镇村两级的工作依据、目标任务和根本宗旨，极大减少了过去那种因不明白、不透明造成的不理解、不信任，也杜绝了个别村庄暗箱操作现象。在改水改厕、集中堆放柴草、集中投放垃圾等村庄环境卫生整治工作中，由于宣传及时、解释到位，群众也由不配合到理解，进而自觉参与，有效减轻了基层工作压力。特别是在村务公开方面，村庄所有重大事项、重大开支都通过广播第一时间告知群众，让群众有一本明白账，了解为什么这样做、资金花销在什么地方，切实减少了群众误解，还基层干部一个清白。据统计，数字广播开通以来，该镇群众信访量同比下降36%。在环卫一体化等群众满意度测评中，该镇成绩也一直在全市名列前茅。

启示与思考

莱阳万第镇数字广播“村村通”试点取得的成效只是初步的，但也给我们提供了有益的启示。

做好农村思想政治工作需要有植入农民身边的传播载体。当前，尽管各类媒体发展突飞猛进，但直接、专门通向农村、面对农民的传播载体还很少，加之大多农村日出而作、日落而息的生产生活方式和农民群众总体文化层次相对较低的状况尚未根本改变，农民群众自觉、自主选择各类信息的途径和能力还有一些制约因素。综合数字广播“村村通”将传播终端设置在农民家门口，并通过乡镇每天三次直播和村里随时插播的方式播送信息，与农民生活节奏、接受习惯较适应，能够有效地把党委、政府的声音植入农民群众生产生活中，既实现了宣传教育的常态化，又确保了受众的覆盖面。实践证明，这种“植入式”的宣传方式，为解决当前农村思想教育“人员组织难、常态化坚持难”提供了有效的办法。

做好农村思想政治工作需要有投向农民心里的宣传内容。把握群众需求、掌握群众期盼，是做好宣传教育工作的前提。综合数字广播“村村通”把党委、政府针对农村的方针政策、发展举措、思路办法以及农民最为需要的科技知识、市场信息、办事指南作为重点，同时穿插一些符合农民传统审美情趣、乡村道德习惯、民俗文化样式等正向宣传内容，用群众听得懂的语言和喜闻乐见的表达方式传播给农民群众，实现了宣传内容“供”与“需”的有效对接，体现了贴近实际、贴近生活、贴近群众的要求。这种注重宣传内容直接投向农民心里的做法，不仅“村村通”这种传播方式应该长期坚持，也将为以后开发利用面向农民的更高层次的新媒体渠道提供了有益启示。

做好农村思想政治工作需要整合面向农民群众的工作力量。乡镇机构经过几次精简，编制压缩很大。每个乡镇干部都分担着经济项目、社会稳定、安全生产、森林防火、计划生育、包片包村等大量工作任务，很少能够专职专用，许多地方、许多时候把思想政治工作挂在“空挡”上。莱阳万第镇通过综合数字广播“村村通”这一平台，把乡镇组织、统战、政法、文化、广电、教育、科技、卫生、民政等工作力量整合起来、工作内容联系起来，实现了“小平台、大联合”，其产生的“乘数效应”不仅促进了各项工作的融合发展，也为形成全员参与、整体推动农村思想政治工作提供了体制性、机制性的借鉴。

构建文化为民服务体系
夯实基层基础工作

引　言

处在新的历史方位，基层宣传思想文化工作的时代背景、工作对象、内涵外延等发生了深刻变化。组织体系薄弱、队伍建设滞后、老办法不管用、新办法不会用、工作机制不科学等制约了工作的开展。如何直面矛盾、破解困难，是基层宣传部门一直思考的问题。2015 年潍坊市奎文区着力构建“宣传思想文化为民服务体系”，在让基层宣传工作活起来、强起来上做出了有益探索，相关做法在中宣部新任县委宣传部长培训班上作了经验交流。

在破解问题中引发工作探索

2015 年作为宣传文化系统“基层工作加强年”，如何进一步增添措施、整合资源，在基层、在群众中把工作扎实深入地开展起来，推动宣传思想文化工作不断开创新局面。考验着基层宣传工作者的智慧。从哪里破题？经过讨论，大家认为，只有深入开展调查研究，才能“解剖麻雀”“敲开核桃”，创造性地开展工作。

经过一番调研，我们认识到，尽管奎文区是潍坊市的中心城区，宣传思想文化工作基础较好，但仍存在着理念方法新旧不同步、精神文化产品服务供需不协调、体制内外资源统筹不协同等问题。针对问题，大家反复琢磨、多次商讨，形成了构建宣传思想文化工作为民服务体系的共识。即围绕群众需求，突出组织、队伍、阵地、项目、机制“五位一体”，树立“项目观念”，使开展宣传工作的过程成为生产、供给精神文化产品的过程，统筹社会资源参与，在服务群众的基础上实现提升群众的根本目的。

宣传思想文化为民服务体系作为一种新的实践，在“落地”的过程中难免会遇到这样那样的问题。为此，区委宣传部认真开展制度设计研究，在充分征求不同群体意见、了解掌握基层建议需求的基础上，在2015年9月出台了《关于构建宣传思想文化为民服务体系进一步加强基层宣传思想文化工作的意见》，使得基层开展工作有目标、有参照。坚持一级带着一级干，在全区全面铺开体系试点建设，推动工作协调发展，整体推进。

“两会一室一网格”打造工作组织网

在梨园街道樱园社区的文化广场上，一场“大众网文化社区行”活动正如火如荼开展，来自潍坊众乐社相声会馆的相声演员们说学逗唱，引得现场笑声不断，让群众在家门口享受曲艺盛宴。这一切来自于梨园街道宣传思想文化工作联席会和樱园社区宣传思想文化工作理事会的积极运作。

在宣传思想文化为民服务体系建设过程中，奎文区以街道、社区为重点，搭建以“两会一室一网格”为内容的组织网。一方面，组建街道宣传思想文化工作联席会和社区宣传思想文化工作理事会，由街道、社区负责同志挂帅，辖区企事业单位、社会组织负责人参与，定期对本地工作进行研究、协商和部署，协调社会力量参与。在社区建立宣传思想文化工作室，协助具体工作的策划落实。另一方面，在社区以下设置“宣传思想文化服务网格”，以居民聚集地域为基础，以群众的兴趣、特长为纽带，灵活划分。以网格为单位，培育特色活动、组织若干队伍，活跃基层宣传文化工作。

“两会一室一网格”既是统筹领导基层宣传工作的组织网，又是提供优秀精神文化产品、服务的功能网。各街道、社区可以统一规划、建设区域内宣传思想文化设施，实现街道、社区、企事业单位、社会组织宣传文化设施开放共享，集成“两会”单位资金、技术、人才等资源，推进项目活动实施，促进区域宣传文化工作的繁荣发展。

“宣传思想文化工作顾问”激发群众参与热情

北苑街道则尔庄社区敬老院里，第四届全省道德模范谭瑞霞正在为社区孤寡老人进行志愿服务。由于在当地拥有较高的知名度和号召力，她被推荐为社区“宣传思想文化工作顾问”。

“这些年我一直热心志愿服务，但总觉得个人力量有限，只有带动街坊一同参加，才能把爱心传递下去。”谭瑞霞说道。在把自己的想法与社区沟通后，社区党委当即决定选聘她为“宣传思想文化工作顾问”，协助社区谋划组织志愿服务工作。随后，一个由200多名志愿者组成，以谭瑞霞命名的志愿服务队诞生了。2015年，谭瑞霞和她的志愿服务队立足社区、服务社会，开展志愿服务上百次，服务群众近千人，成为全区志愿服务工作的一张靓丽名片。

“宣传思想文化工作顾问”注重从社会人士、民间能人中选聘，让群众成为基层宣传文化工作的“协管员”。像谭瑞霞这样的社区“顾问”，全区共有 67 名。在这些“顾问”的指导下，各个社区又相继建立了“社区宣传思想文化工作网格长”和理论宣讲员、新闻通讯员、文明建设员、文化辅导员、民情调研员“五大员”队伍，引导群众自我教育、自我服务。“宣传思想文化工作顾问”不仅限于社区层面，在区和街道也组建了层次丰富、专兼结合的“顾问团”，使宣传文化工作拥有可靠咨询策划团队、执行落实的“编外”力量。

“宣传思想文化工作工作顾问”的出现，有效解决了街道、社区宣传文化工作者总量不足，体制外工作力量未有效利用，基层群众的参与度不够的问题。基层普遍反映，选聘“顾问”后，激发了群众参与宣传思想文化工作的热情，减轻了基层工作压力，带动了各类群众性宣传文化队伍、社会组织的发展，丰富了群众的精神文化生活。

“三类阵地”拓宽基层工作领域

梨园街道梨园社区的张大妈怎么也想不到，家人关注了一个微信号，居然为她带来了送上门的体检服务。这得益于“奎文发布”微信平台开展“关爱老年人、健康社区行”大型义诊活动。奎文区积极开发新型阵地，建设了“奎文发布”政务微博、微信和奎文宣传网，重点对微信平台进行二次开发，半年便已拥有 3 万“粉丝”，通过设置“工作一点通”“微服务”等栏目，开展“感动奎文”先模人物网上投票、“书香奎文”评选等活动，构建“线上线下”的工作模式，成为干部群众的“掌中宝”，实现“一号在手，知晓奎文”。

在基层宣传文化阵地建设中，常常出现有效供给相对不足的问题，造成部分阵地闲置。为此，奎文区着力提升传统阵地，按照标准化打造、精细化管理、群众化参与的思路，投入近 600 万元提升51个社区综合文化服务中心，着重健全阵地、活动、队伍联动建设和群众需求反馈机制，发挥阵地辐射带动作用。同时，突出体验化，新建“社区志愿者咖啡屋”“社区好人之家”“核心价值观体验空间”“社区文创空间”等特色阵地，增强工作的吸引力和感染力。

每逢下午，北苑街道金都社区居民都会到社区公共文化服务中心参加扇子舞排练。这座面积1000多平方米的文化阵地投资近千万元，其中600多万元来自社会共建捐赠。奎文区充分依托中心城区机关企事业单位众多的优势，借助社会阵地和力量，加强与驻区单位、企业、社会组织的联系，协调所属场所设施向群众开放，吸引鼓励社会力量参与阵地建设，使群众参加活动有场所，提升素质有阵地。

“四项为民服务”促成供需对接

宣传文化工作提供的是精神文化产品和服务，只有“适销对路”才能得到群众的内心认同。奎文区在构建宣传思想文化为民服务体系的过程中，始终以满足群众诉求为起点，把提供优质服务作为前置环节，科学设置“理论为民”“新闻为民”“文明为民”“文化为民”四项服务，以“项目化”的方式，靠具体有形、群众受益的项目赢得群众。

“南苏州北潍县，奎文有过辉煌的历史，作为当代的奎文人，应该增强自豪感，通过不懈努力来实现家乡梦！”大虞街道孙家社区讲堂里，奎文区“百姓宣传团”成员走上讲台，讲述身边事、教育身边人。而在东关街道苇湾社区的“鸢都晴雨百姓茶社”里，“茶博士”正在以同居民喝茶聊天的方式把握舆情、了解民生、宣讲政策。在开展“理论为民”服务中，奎文区围绕群众关注的理论热点，创新内容、方式、主体、阵地，通过建立百姓宣讲团、开展“理论进基层”活动，打造“鸢都晴雨百姓茶社”等举措，把理论宣讲与倾听舆情结合起来，用科学的理论服务群众。

“我有个亲戚刚刚检查出白血病，能不能申请低保?”“老年人护理补贴什么条件可以享受?”在“民生会客厅”栏目录制现场，社区群众、社会人士、有关职能部门领导热议民生热点，场面十分热烈。“民生会客厅”栏目由奎文系列社区报主办，整合各类媒体资源，选取群众关心的问题，建立话题筛选、访谈、互动、发布、追踪落实等系列流程。节目开播以来，每期通过“奎文发布”微博参与互动人数超过 1 万，推动了城郊社区孩子上学难等问题的解决。在以民为先、由民做主、为民谋利的“新闻为民”服务模式引导下，通过打造“全媒体”平台、建立基层联系点、加大民生新闻策划力度等方式，使新闻工作贴近百姓生活，竭诚服务群众。

每个月初，2 辆喷涂由志愿服务公益广告、平常正式运营公交车便会搭载来自志愿者深入社区，根据前期征求的服务意愿，为群众开展“上门”服务。“让人人成为社会主义核心价值观的践行者。”这是“文明为民”服务的逻辑起点。为此，奎文区探索出“读、讲、树、行”的模式。“读”就是依托“书香鸢都·文化奎文”全民阅读活动，用道德经典教育人。“讲”就是用组建道德模范宣讲团、打造“四德”文化街巷广场、开展文艺演出等形式，营造道德氛围感染人。“树”就是以评选“感动奎文先模人物”为带动，推荐评选身边好人，用道德榜样激励人。“行”就是人人参与，通过开展“志愿巴士进社区”“衣旧情深”等志愿服务活动，用道德实践改变人。2015 年，全区开展核心价值观实践活动 1000 余场次，参与市民 3 万多人次，涌现出“中国好人”1 人，全省道德模范 1 人，“山东好人”2 人。一个个群众身边美丽的“风景”，构筑起了道德高地。

东关街道苇湾社区居民谭某正在社区文化服务中心观看全区“公共文化服务库”分布图，全区 80 多支文艺团队、60 多处文化设施、30 多类文化服务、100 多项文化活动在图中一览无余。在推进“文化为民”服务过程中，奎文区建立文化需求库、活动阵地库、文化节目库、文化人才储备库，不断提升文化服务水平。依托公共文化服务库，对活动、设施、培训进行菜单式配送，农家书屋出版物补充更新达标率达到100%，广播电视“村村通”建设实现全覆盖，每年在基层放映电影达 1000 场；开展第八届群众文艺展演等各类文化活动 60 余场次，受益群众达 20 万余人次；实施了“市民文艺素质提升工程”，一年来义务培训社区居民、学生 1500 人次。

宣传思想文化为民服务体系建设结硕果

奎文区宣传文化部门依托体系建设创新性建立了群众需求动态调研、“宣传思想文化产品”生产供给、基层工作保障、社会化推进等系列机制，通过建立群众需求调研网络、打造精神文化产品服务、开展“十佳百优”项目创评、引导社会资源向基层倾斜等方式，保障了体系的建设效果。

宣传思想文化为民服务体系把加强基层组织、队伍、阵地建设作为前提，使组织领导更加有力，工作力量更加壮大，阵地载体更加健全。区域内宣传文化工作实现了工作共谋、设施共享、队伍共建、活动共办；2015 年全区新成立“民”字号队伍 80 多支，各类文化、文艺专业协会 10 个，群众性文化团体和队伍 84 支；新媒体品台和特色阵地的建立，丰富了宣传文化工作的内涵形式，使基层工作基础更加牢固。

宣传思想文化为民服务体系建设丰富了工作项目，打造了工作品牌，形成了工作合力。一方面，围绕“四项为民服务”，启动实施了16大类65个工作项目，这些新颖活泼、丰富多彩的项目调动了各个层面的积极性。另一方面，通过对工作进行精心谋划、整合提升，形成了集聚效应。“奎文发布”政务微信、“民生会客厅”、“志愿巴士进社区”等项目成为区域内有影响力的品牌。

启示思考

只有坚持“以人为本”，把握惠民导向，才能使基层宣传文化工作打牢根基。宣传思想文化工作是在人的头脑里做文章，只有切合群众需要，才能赢得群众的赞同和接受，激发群众的参与热情。必须坚持从意识形态工作的本质属性出发，站在巩固党执政基础的高度上，以为民服务为导向，做好、做实、做细各项工作，才能得到群众的内心认同，获得最可靠的群众基础和力量源泉。

只有坚持“市场”理念，做优“产品”供给，才能使基层宣传文化工作充满活力。群众满意与否是衡量宣传思想文化工作成效的唯一标准。只有树立“市场化”的思维，研究群众的喜好，设计出适销对路的“商品”，才能不断提升工作的针对性和实效性。必须树立“产品”理念，根据群众、基层、社会的实际需要，用项目化的方式，提供产品和服务，让群众乐于参与，实现“由虚变实”、再“由实化虚”，取得教育人、改变人的实效。

只有坚持统筹协调，社会化推进，才能使基层宣传文化工作得到支撑。宣传思想文化工作是一项政治性强、涉及面广的系统工程，只有各个部门充分配合，社会力量广泛参与，才能形成合力。必须在依靠体制内的力量的同时，做到充分借助、激发、统筹使用好各类社会资源、社会力量、社会队伍，让群众、让社会感觉到宣传工作必不可少、不可替代，从而踊跃参与、大力支持，为工作提供坚实保障。

只有坚持紧跟时代，不断改革创新，才能使基层宣传文化工作获得动力。宣传文化工作的根本目的是教育人、提升人。在新媒体广泛运用的背景下，靠单向灌输收效小，靠自说自话不管用，关键在于坚持创新融合发展，用新思路、新办法、新媒体、新载体适应不断变化的新形势、新要求。必须坚持“市场化”供给、“项目化”推进、“社会化”参与等思路，充分运用新媒体联系服务群众、开展特色活动、推动工作，使基层宣传文化工作在创新中保持旺盛的生命力。

滨海好家风：让社会主义核心价值观广泛弘扬

引　言

一条条朴实无华的家训家书，传承了中华民族传统美德；一个个感人肺腑的家风典型，播撒了社会主义核心价值观的种子；一阵阵沁人心扉的家风，树立起了强大的精神坐标……潍坊滨海区家风系列主题活动的开展，激发出人们心底的道德追求，建树起独具特色的海洋家风、村风和民风，传递着真善美的正能量，让社会主义核心价值观更加具体深刻地走进群众，内化于心、外化于行，以好家风滋养好作风、好政风、好民风，营造出良好的社会环境，为家庭幸福圆梦，为国家发展筑梦。

挖掘——发挥优良家风示范引领作用

汲取传统文化和优秀文化营养，发挥借鉴作用。深入挖掘优良家风、村风、民风，把它展现到群众面前，发挥其教育教化功能。宣传了诸多古代先贤的家风故事，认知传统、尊重传统，继承优秀传统文化，以小窥大、见微知著，感受家风文化对人的熏陶和教化作用。宣传弘扬历史名人的治家格言，从《朱子家训》

《颜氏家训》等传统名篇中感受好家风、学习好家训，汲取中华传统文化思想精华和道德精髓，启迪思想、塑造心灵、培养心智。宣传弘扬老一辈无产阶级革命家的家风，学习他们公正无私、作风严谨、清正廉明等优秀品质，坚定高尚操守、济世情怀和家国责任思想，同时学习借鉴先进地区挖掘、整理、弘扬家风家训的好经验、好做法，结合实际、取长补短。

实现宣传载体全覆盖，增加群众关注度。潍坊滨海区利用报纸电视、门户网站、微博微信等平台，将征集到的优秀家训、家风故事和家风典型，进行广泛的宣传和传播，实现了全媒体宣传、全栏目融入。在报纸、电视台开设了《滨海好家风》、《树家风、正村风、淳民风》、《优良家风大家谈》、《讲述历史名人的家风故事》等专栏，定期刊播理论文章，撰写系列评论，打造全区“家风文化资料池”和“媒体宣讲台”，加大了对家风、村风、民风典型的培养、挖掘和宣传力度，吸引了广大干部群众围绕家训家风展开广泛讨论和良好互动，提升了整个活动的影响力和关注度。

发挥典型引领作用，激发群众正能量。大力倡树家风、村风、民风典型，做到学有目标，赶有榜样，干有典范，用身边人、身边事教育引导群众，让家风、村风、民风典型充分“发酵”，真正让群众有所触动，有所收获。一年来，在区内媒体刊发相关报道100多篇，其中挖掘报道家风典型26个，村风典型5个，报道的《“滨海建设者”的传承与坚守》《薪火相传：建国前老党员朱福亭的家风传承》等反映滨海区群众艰苦创业、爱国奉献、敬老孝亲、乐于助人的新闻稿件，在群众间广为传播，使典型充分“发酵”，真正使群众有所触动，有所收获，有所改进。

培育——让优良家风入眼入耳入心

社会宣传让百姓入“眼”。通过标语口号、公益广告营造家风文化的浓厚氛围，各街道、部门、单位、企业、村居和学校均悬挂家风宣传标语，报纸、电视、网站要在重要版面、重要位置和黄金时段刊播家风公益广告。充分利用宣传栏、宣传画、公共交通工具、流动展板、公益广告牌、文化墙、LED 显示屏等宣传阵地，在主要道路、人群密集区进行大力宣传，引导群众知家风、懂家风、重家风，形成了多层次多角度全方位的社会宣传格局。

家风巡讲让百姓入“耳”。各街道、部门单位、村居和社区面向党员干部和广大村民，广泛开展了“家风、村风、民风”大讨论，征集优良“家风、村风、民风”故事，摒弃封闭狭隘思想和不文明行为，提升村民文明素质。与滨海大讲堂、道德讲堂结合，组织开展优良家风、村风、民风巡讲，充分利用各类文化站、文化活动室开展家风文化的宣讲。开展普法宣传教育，利用法制长廊、法制宣传栏、文化书屋等渠道，为广大群众宣传法律知识，培养法制观念，营造法治氛围，促进各街道、村居形成了守法、有序、安全、稳定的新秩序。

活动升华让百姓入“心”。潍坊滨海区围绕“滨海好家风”、“树家风、正村风、淳民风”主题，广泛开展丰富多彩的活动。把“滨海好家风”系列活动与党员干部教育相结合，重点做好与“三严三实”和党风廉政的结合，在机关部门单位中，深入开展“传承好家风、争当优秀党员干部”活动，列入党员干部考核，积极引导广大党员干部守纪律、讲规矩、作表率，以家风带党风、促廉风。把“家风”系列活动与文明创建活动和四德工程结合，在街道村居，开展“包容融合、孝亲和睦”教育实践活动，在校园内广泛开展“诵经典、树家风”活动，在全区开展了“谈家风、晒家训”征文比赛、演讲比赛活动，讲述优秀家风故事和对家风家训的认识、感悟、体会，畅谈家风与工作、生活、成长的故事。组织开展了“我陪奶奶看大海”活动、“滨海好家风”文艺创作大赛、“孝德滨海又重阳”大型晚会，先后举办了共圆中国梦传承好家风文艺汇演、“传承家风弘扬美德”文艺演出等广场文化活动，把优良家风故事编出来、演出来，让群众在寓教于乐中接受教育。

弘扬——让优良家风凝练成为家风文化

传承教育，树立社会新风尚。街道村居、部门单位的党员干部带头进村入户访家风、探村风，积极推荐、自荐家风村风的优秀典型，推动“滨海好家风”系列活动进基层、进街道、进村居、进家庭，营造了以家风带村风、以村风淳民风的浓厚氛围。各部门、单位和各村居都设立家风档案和家风红黑榜，对优良家风进行张榜公示，引导全区群众立家规、传家训、树家风，做到“家家有家训，户户好家风”，崇德向善树新风。

以活动为载体，提炼家风文化。组织开展了“滨海好家风家庭”评选、“家风、家训、家书、治家格言”征集等活动，面向全区征集好家风、好家训。发动全区群众收集整理优秀家风故事、经典家规家书、治家格言，利用区内媒体等进行刊发，并对优秀家风、经典家训家规家书进行收集汇编，并编写《滨海家风家训读本》，让家风文化深入人心、代代相传。

深入整理提炼，打造海洋家风。对我区优良家风和家风文化进行进一步归纳提炼，深入挖掘整理区内群众扎根盐碱滩，艰苦创业、开拓进取，勤劳诚信、仁爱善良，孝亲敬老、邻里和睦等家风。深入挖掘整理党员干部创新实干、服务发展，秉公用权、廉洁从政，加强对亲属子女的教育和约束，以德治家、以勤兴家、以俭持家、以廉保家等好家风熏染的好作风。深入挖掘整理与时俱进、更新观念，思想解放、开放包容，拥抱大海、走向世界的海洋家风，培育形成独具滨海特色的海洋家风文化。

启示与思考

潍坊滨海区探索开展“滨海好家风”、“树家风、正村风、淳民风”主题活动，已成为培育核心价值观的生动载体，凝聚了正能量，引领了社会风尚，为新形势下精神文明建设、践行核心价值观提供了一些有益思考。

1. 要加大宣传力度，积极营造浓厚家风文化氛围。强有力的宣传是弘扬好家风活动持续升温的有效抓手，活动能够高质量的持续下去，很重要的是要看宣传力度够不够。要加大好优良家风的宣传力度，充分利用报纸、电视、网络及新媒体各种平台，开办专题、专栏，打造好家风文化的“宣讲台”和“资料池”。通过宣传，让活动与群众需求产生共鸣，增加群众的关注度、参与度，做到家风文化家家知晓、人人参与，切实营造出崇尚好家风、学习好家风、传承学习好家风的良好风气和舆论氛围，保障家风文化建设工作顺利开展。

2. 要善于落细落小落实，注重典型示范引领。一个典型就是一面旗帜。要在各条战线、各个领域、各个方面树立起一面面旗帜，才能使单位、家庭、个人学有方向，赶有目标。要从大处着眼、细微处着手，在落细落小落实上下功夫，通过收集整理优秀家风故事、经典家规家书、治家格言，图文并茂的解读家风故事，把家风、村风、民风建设与日常工作生活紧密联系起来，融入大众的日常生活当中去。用群众身边的人、身边的事教育引导群众，把典型的积极因素转化为倍增的社会效应，让家风文化化成正能量流入每个人心田，让家风文化内化于心、外化于行。

3. **要结合地方实际，扎实做好特色文章。**“家风”、“家训”是每个地方最具特色的一种教育，既是优良传统文化的回归，也是历史智慧的挖掘和重建。因此，家风文化的挖掘、培育、传承和弘扬，必须与地方经济社会发展紧密结合，与优秀的地方特色文化紧密结合。要坚持贴近实际、贴近生活、贴近群众，积极挖掘当地的家风文化，培育形成了思想解放、开放包容，拥抱大海、走向世界的“海洋家风”，以好家风滋养好作风、好政风、好民风，增强干部群众创新求变的发展意识、敢于担当的责任意识、勇当尖兵的争先意识和攻坚克难的进取意识，进一步凝聚共识，推动发展。

承载乡村记忆　传颂乡情乡愁

引　言

“装着风箱的大锅台、散落着粮食屑的石碾盘、石头堆砌的八角古井………”在孟子故里邹城市西南22公里处的一座小山南侧，有座全部用石头垒成的古村庄——上九山村，村落中间有一条两山夹角的人字形水街，房子建在水街的两侧依次往山腰摆开，是一座天地人合一的自然村落。20世纪90年代初，因交通不便，村内人员大量外流或搬至山下新村定居，多数石头房子无人居住、年久失修，千年古村一度濒临败落甚至消失。如何在推进城镇化建设的过程中，留下记忆，留住乡愁，更好地实现千年古村永续发展，成为摆在当地党委政府和上九山村民面前的一道难题。从2012年起，邹城市积极整合各类资源，走出了一条“政府主导、企业运作、村民参与”的古村落保护开发的新路子，使得千年古村焕发出了新的生机和活力。上九山村先后入选中国传统村落、山东省历史文化名村名录、山东省第一批“乡村记忆工程”文化遗产名单。

历经变迁，千年古村濒临败落

上九山村历史悠久，明洪武年间（1368年）郑、聂、满三氏由山西迁来定居。因周围大小九个山头围成一个圆，村庄地处西北方向，按周易八卦理论，西北为乾位，乾为上，故取名为上九山村。由于房子石头盖、院墙石头垒、路是石头成，上九山村又俗称石头村，石屋、石院、石墙、石台阶、石门楼、石井、石磨、石碾、石臼、石盆、石凳、石桌、石灶、石缸等随处可见，这些石屋、石院、石墙分布在山腰之间，或断或连，或高或低，随山而建，错落有致，鳞次栉比，向人们展示着古石村奇特的建筑及悠久的历史。村内现存传统建筑面积 15600 平方米，完整保存着 3 条明清时期的石头街巷和 300 余座石头住宅院落，现存历史文化遗迹主要有三县交界碑、秦皇古道、宋代古井、南山泉、关帝庙、南山寨、萧宅、六合院等，是山东省迄今发现的规模最大、保存完整的明清时期全石墙古民居建筑群，被誉为地方“古村落发展建筑史书”“民俗文化的博物馆”。

20 世纪 90 年代初，因山上用水、用电、交通等诸多不便，村内人员大量外流或搬至山下新村定居，仅有 20 余位老人恋居山上。村内多数石头房子因无人居住、年久失修，有的房子屋顶坍塌，石墙倒成一片，院内杂草丛生，千年古村一度濒临败落甚至消失。“水电难通、道路难行，村里的年轻人陆陆续续开始下山居住、外出打工，剩余的村民多数 60 虽以上的老人，一些石头房子长久没人住，很快就会坍塌。”村里的老支书说。如何在城镇化建设的进程中，留下记忆，留住乡愁，更好地实现千年古村永续发展，成为摆在当地党委政府和上九山村民面前的一道难题。

修旧如旧，恢复千年古村历史风貌

2012 年 7 月，邹城市开始启动上九山村保护开发，划定“保护圈”，确立开发保护的“三不”原则，即不毁坏一块山石、不浪费一门手艺、不撵走一个村民。并于2013年初，组织人员对上九山村进行全面调查摸底，对村里的石头房子进行全面评估，为每座石头房子编号，并详细登记每座房子建于什么年代，里面发生过什么样的故事，户主是谁？从事什么职业？等等，都进行详细登记。

2013年8月，当地党委政府通过招商引资，与四川金盆地集团合作，成立济宁市上九山旅游开发有限公司，投资3.6亿元，分三期对上九山村进行开发。消息一传开，村里面就炸开了锅。"我倒要看看你们打俺村啥主意，想动这里一石一瓦，先从俺这把老骨头上轧过去！"听说有人要来搞开发，64岁的村民郑某还没弄清楚状况就冲到村委大院发起了火。在他看来，这片村落不仅承载了自己出生以来的全部记忆，更是一片碰不得、改不得的"圣地"。时任石墙镇镇长如是说："上九山村就是一块璞玉，在没有找到成熟、完善的方案之前，不能急于雕琢它，否则很可能会毁了它。""以开发代保护可以，但不能破坏了村里的老物件"，村民们的要求与开发商的开发底线不谋而合。如何保护，如何科学有效地保护？成了摆在开发商和村民面前的一道难题。

坚持规划先行。聘请山东省城乡规划设计研究院对上九山村进行规划设计，按照国家4A级乡村旅游景区的标准进行打造。坚持把古村落纳入全镇村镇规划范围，制定《上九山村石头村落保护办法》《上九山村石头村落保护措施》，划定保护红线，使村镇建设有章可循。在广泛征求群众意见的基础上，制定村规民约，规范群众行为，让大家共同参与到保护中来。

多方收集老料。为保留上九山村原汁原味的建筑风格，开发商组建成立10多个小分队，开着三轮车，拿着大喇叭，到周边的金乡、单县、微山甚至江苏丰县、河南等地收购老瓦、旧石料等，半年时间里就收购老瓦700余万块，收购自然风化程度达百年以上的石料 3 万余立方米。仅收购老瓦这一个方面来说，人工与运输和收购后的筛选工作等总成本就是采购新瓦的 3 倍多。

做到修旧如旧。一座老房子、一块旧石料甚至一片老瓦，都烙着岁月的痕迹，承载了历史了沧桑。济宁市上九旅游开发有限公司夏安全说："上九山村修缮宁愿修复得慢点，也要多保留些老味道，修旧如旧。"经过修缮，相继恢复了古村生活场景，再现了酿酒、榨油、染布等各类作坊工艺，修复了郑家胡同、肖家胡同、山里胡同、九山胡同四个特色胡同和村中心水街，建辅助景点数十处，保留了建筑原有风貌。截至目前，上九山村保护开发项目已修复石头院落 277 套，房屋面积达 33000 平方米。

挖掘展示，再现千年古村生活场景

在济宁市上九旅游开发有限公司看来："保护和开发上九山村，修缮石头房子仅仅是第一步，更重要的是挖掘村里的历史和文化，否则古村就变成一座只有建筑没有文化的空壳。"

再现古村历史。在保护开发伊始，公司就组织人员挨家挨户走访，把村里老人记忆中的上九山村故事全部记录下来，详细整理老辈人的生活习惯、待客之道等当地习俗，遍寻村史、镇志、县志，广泛收集有关上九山村的历史记载，整理出版《上九山的传说》。至今在上九山村还流传着这样一个故事：清朝道光年间，一位姓郑的上九山农民，发现大户人家多给了 15 块银圆后，坚持送还。发家后，他带动村里的年轻人一起卖茶叶，因为上九山茶不掺假、不缺斤少两，于是渐渐有了名气。"最红火的时候，我们村 6 个经营组，每个经营组在城里开 3 个门店卖茶叶。"上九山村一名村民自豪地说。

再现民俗文化。在开发保护过程中，注重挖掘保护古村落的节庆活动、嫁娶习俗、礼仪习俗、祭拜活动、戏曲艺术等传统文化，挖掘恢复首批国家级非物质文化遗产“梁祝传说”的活证据—“拉魂腔”及祭拜玄帝礼仪等民俗文化。修复古村老戏台，聘请传统老艺人、非遗传承人，打造石头乐队，每天上演上九山民俗文化节目，延续邹鲁独特乡韵，实现了传统民俗文化的“活态展示”。“新郎掀起轿帘、抱起新娘，在亲朋好友的叫好声中，新人跪拜天地和高堂。为祝福新人‘和和美美’，乡亲们还为新郎新娘送上上九山村特有的‘结心石’……”一场传统的婚礼正在上九山村举行。上九山村民说：“以前过去（结婚）都是抬轿子，到了“文化大革命”以后，咱的轿子都破坏了，现在几年又兴了，现在结婚还是抬轿子。”

再现文化景点。整理恢复秦皇古道、梁祝广场、玄帝庙、财主院、孝贤院、老学堂等历史文化景点，突出上九古意，重续历史文脉。规划建设乡村博物馆，收集展览富有地域特色、体现当地民众生产、生活的农业劳作工具、日常服饰、礼仪习俗用品等实物，传承展示“记得住乡愁”的生活元素。“在村子南面，我们将建一个村史馆，用于陈列上九山村在历史变迁中老百姓保留下的生活用品，农耕工具和我们收集整理的文字、老照片等。”济宁市上九旅游开发有限公司负责同志表示。目前，上九山村保留着的生活生产及民俗用具用品多达2000多件，其中石器1000多件，各类农具200多件，生活用具500多件，文化娱乐品20多件。

再现生活场景。“大兄弟！慢着点，梯子晃荡得有点狠，甭慌慌。”83岁的张现荣老大娘一边坐在玄帝庙旁的台阶上晒暖，一边扯着嗓子提醒正在爬庙修屋顶的工人，让他注意安全。眼前的一幕，很难让人相信这是一个村庄改建工程的现场。过去，开发商做项目，尤其是搞旅游开发，总喜欢圈出一块景区，把里面的人全“清”出去。而在上九山村，老人们不仅不用担心被撵出自己的老屋，还将在项目完成后，原地享受各种提档升级的配套设施。留住人才能留住记忆。土生土长的村里人，因对村子历史、神话、遗迹了如指掌，每个人都如同记录乡愁的“活印记”。“如果我们为搞开发，让他们离乡离土，这块土地就是再有文化，也失去了自己的魂魄。”开发公司说，老人们哪怕只是坐在家门口聊聊天、讲讲故事，也会带给游客更为真切的文化感受，所以，无论如何，他们都要将村里人全部留下来。

文旅结合，激发千年古村生机活力

坚持合理利用、适度开发的原则，发展文化旅游产业，实现遗产保护和经济发展的良性循环、相互促进。

加大政策扶持。积极争取各级文化、旅游产业发展专项资金，用于扶持上九山村保护开发；成立了市委书记挂帅的项目专班，全力靠上服务，协调解决建设中遇到的各类问题，加快项目推进步伐。

引导村民参与。开展特色小吃体验，鼓励村民重拾烙煎饼、做豆腐等传统手工技艺，建设乡村特色餐馆，开展小吃制作体验与文化展示。打造可体验的原生态乡村生活展示区，开展农田农事体验，以住农家屋、干农家活、“做一天农家人”等活动，让游客融入农家生活，与村民同吃、同住、同劳动，增加旅游者亲身体验乐趣。通过鼓励和引导村民参与旅游项目开发，使村民成为旅游开发的参与者、经营者、受益者。

加强宣传推介。2012 年以来，先后 6 次邀请中央、省市主流传统媒体及网络媒体采风团赴上九山村采风拍摄，邀请中宣部《记住乡愁》栏目摄制组拍摄《诚信上九》纪录片，举办“多彩邹城 · 四季乡风”“邹东深呼吸 · 山乡慢生活”摄影比赛、“三月三古诗会”等活动，在国内外主流媒体形成了强大宣传氛围。同时，加强与各省市旅行社的精诚合作，将景区同步推向周边及国内市场，使上九古村成为济宁市家喻户晓、国内知名旅游景区。据不完全统计，上九山古村保护开发项目实施以来，先后接待参观游客50余万人次；2015年“十一”景区正式开业以来，接待游客14万余人次，门票收入达180余万元，千年古村又恢复了往日的热闹繁华。

启示与思考

“乡愁是一棵没有年轮的树，永不老去。”邹城市上九山村在保护开发过程中，通过与企业合作，走出来了一条“政府主导、企业运作、村民参与”的古村“新”路，使老房子得以修葺、古村落得以保护、乡土文化得以传承，石头村重焕生机。总结上九山村保护开发的经验做法，主要有以下几点启示。

加强古村落保护开发必须抓好顶层设计。古村落保护开发是一项专业性强、投资大、周期长、见效慢的工程，不是一家一户能够独立完成的。要注重发挥政府的主导作用，抓好顶层设计，明确古村落保护开发的原则要求、注意事项等；要借助社会力量，通过招引一批有实力、懂文化的投资公司，共同做好保护开发；要坚持规划先行，坚决避免随意性变规、低水平修缮和盲目性建设给古村落保护带来不可弥补的伤害。

加强古村落保护开发必须引导村民参与。村民是保护传统村落和传承历史文化的主要力量。离开了当地村民，古村落就会像没有灵魂的一个空壳，毫无生命力。因此，保护开发古村落，必须要有当地村民的参与，充分尊重村民的生活民俗，尽可能照顾村民利益，通过古村保护开发增加村民经济收入，提高村民生活水平，进而实现保护与开发的双赢。

加强古村落保护开发必须保护当地文化。文化是民族的血脉。当地人们的生活习俗、风土人情等是每个古村落所独有的。

加强古村落保护开发，必须要深入挖掘整理其所特有的民俗文化，延续人们日常生活中的礼仪、习俗和特色民间活动，传承古村落独特乡韵和淳朴乡风，真正使古村落成为广大群众故土寻根、寄托乡情的“活化记忆”。

加强古村落保护开发必须突出社会效益。古村落的保护和开发是互相依存的，保护好古村落是开发旅游的前提条件，合理开发古村落是对古村落旅游资源的最好保护途经。要坚持以社会效益为主，兼顾经济效益，决不能因开发而破坏古村落的风貌和精髓。

“微宣讲”传递大能量

引　言

“微时代”悄然到来，“微表达”日益多样，运用“微思维”，进行“微传播”，为理论武装拓展新空间。山东泗水不断在“微”字上下工作，创新开展理论“微宣讲”活动。在村庄社区、田间地头、农家庭院，你常常可以看到这样的情景：微宣讲员走进百姓中，或群众中间到小型式、院落式、一对一的微宣讲活动，台上，宣讲员将一个个生动的故事娓娓道来，将艰深的理论化为百姓身边的现象诠释得通俗易懂；台下，掌声不断，朴实感人的典型事迹充盈在百姓心中，感动久久不能散去。微宣讲团成员主要由挂任村“第一书记”、大学生村官、草根名嘴等组成，他们的足迹遍布泗水每个村庄，把党的理论政策传遍千家万户，深受群众欢迎。

各方联动　奏响微宣讲的“大合唱”

泗水县位于济宁、临沂、泰安三市交界处，总面积 1119 平方公里，辖 597 个行政村（居），63.8 万人。由于基层从事理论宣传研究的人员较少、流动性较大，造成中央和省市一些重大创新理论、重要文件精神等难以及时进村入户，“理论武装最后一公里”的难题亟须解决。

新形势下，为推进理论惠民工程，切实保障“理论宣讲进万家”，泗水县将理论宣讲工作与在全县开展的“第一书记”驻村联户工作紧密结合，组建了由230余名“第一书记”为主力的微宣讲队伍，同时打破身份、行业、年龄界限和论资排辈的选人模式，吸收大学生村官、道德模范、文艺人才、退休老同志等，进一步壮大基层宣讲队伍，从原来的单靠宣传系统几十人，扩大到上百人，队伍力量扩大了10倍以上，理论宣讲工作由宣传部门唱“独角戏”变成了多层次多部门参与的“大合唱”，使党的理论政策能直达基层群众中去，大大改变了农村基层一线理论宣传工作难落实的局面。

创新形式　赢得微宣讲的“满堂彩”

宣讲不是一味的“灌输”，为让群众听得进、坐得住，泗水县微宣讲团成员不断创新宣讲形式，运用群众喜闻乐见的方式，开展“互动式”“文艺式”“精准式”宣讲活动，不断提升宣讲针对性、生动性、艺术性，努力实现理论宣传的“春风化雨，润物无声”。

“互动式”宣讲。变过去“一人台上讲，众人台下听”为“台上台下互动”，通过听众提问题、讲感受、谈体会等参与互动形式进行宣讲，由“一言堂”变成了“大家谈”，使群众加深对宣讲内容的理解，引起共鸣。党的十八届五中全会结束后，微宣讲团成员就深入田间地头、农家院落及农户家中，现场发送宣传材料10万余份，利用双向讨论式、现场提问式、身边事例式、上台感受式等各种方式，宣讲党的十八届五中全会精神。“请问二孩政策啥时候放开呀”“十三五俺老百姓又有哪些实惠政策呀”“美丽乡村建设如何在农家落地”……群众的问题一个接一个，宣讲团成员，泗张镇邢家庄村“第一书记”耐心解答。不到1个小时的宣讲，有六七位村民先后提出问题，现场群众讨论热烈，气氛活跃。党的最新理论政策通过互动形式，在基层群众心中落地、生根、发芽。

“文艺式”宣讲。微宣讲员注重寓教于乐，把党的理论政策编成快板书、三字经、顺口溜、小漫画等宣讲材料，用讲故事、办晚会等群众喜闻乐见的文艺形式进行宣讲，变“单一教育”为“生动说唱”，让理论宣讲更加生动鲜活、充满魅力。文艺宣讲员们根据农村实例创作的小品《借婆婆》《背公公》《搬迁》，歌曲《寻芳泗水》《桃花》等在农村展演100余场，获得群众的一致好评。星村镇宣讲员创排的《泉乡新村新面貌》快板，由南陈村老党员绘声绘色讲述南陈支部书记种植黄金梨带领群众致富的故事，用自己切身感受讴歌新时代、新生活，用成就鼓干劲，贴近群众需求。为丰富文艺节目，县委宣传部牵头制作了《核心价值观就在我身边》《爱的奇迹》《天使》等20余部微视频、微电影，以更加直观的方式向群众析事明理、解疑释惑、传递正能量。

“精准式”宣讲。按照“群众需要什么、想听什么，就讲什么”的思路，为群众“量身”制定符合实际的“宣讲菜单”，切实做到精准宣讲，时时答疑。一是科学确定宣讲题目。宣传部门定期组织宣讲人员到农村、企业、社区等开展调研座谈，并通过“e线民生”、微博“泗水发布”、微信公号“泗水那点事”等平台，收集整理群众所思所盼所想，切实找准群众的“关切点”，将重大理论创新成果的“大主题”，转化为群众关心关注的“微话题”，努力使宣讲工作做到“基层群众需要什么就讲什么，群众关心什么就讲什么”。二是提供菜单式宣讲。建立菜单式选题机制，紧紧围绕“中国梦”、培育和践行社会主义核心价值观、农村土地制度改革、考试招生制度改革等热点问题，形成宣讲

“菜单”，供基层干部群众选学；对“菜单”中没有涉猎的内容，设立“预约菜单”，“量身定制”宣讲内容，确保实现“讲与学”相衔接、“送与需”相匹配。

建章立制 打好微宣讲的“组合拳”

为切实解决基层理论宣讲走过场，持续性不强的问题，泗水县不断完善体制机制，打出微宣讲的“组合拳”，确保宣讲活动持续有效开展。

一是健全宣讲制度。成立全县微宣讲工作领导小组，加强对微宣讲工作的组织协调，定期召开座谈会，梳理汇总宣讲情况。集中解决宣传中出现的问题，商讨宣讲内容、制定宣讲方案等；加强微宣讲队伍教育管理，聘请宣讲专家、有经验的宣讲员开展集中培训活动，选派微宣讲员到省市参见培训，多途径提高宣讲人员宣讲水平；建立宣讲情况信息采集制度，强化宣传效果评估考核激励机制，将微宣讲工作纳入全县党建量化考评，形成较为科学有效的工作体制机制。

二是明确具体责任。微宣讲团实行“1 + X”运行模式，一个乡镇由一名队长负责，成员由县里调配，或是镇里自行组织，超过 10 人的建立微宣讲小分队，由分队长负责小队宣讲工作。目前，全县已成立文化、普法、医疗保健、科技服务、创新创业等微宣讲分队 100 余个，开展微宣讲活动 500 余场次，受益群众达到 40800 余人次。

三是创新特色品牌。在农村，依托全县驻村联户工作，实行“宣讲小队包乡镇、宣讲人员走遍村”的工作模式，组织微宣讲成员深入 500 多个村，或三五人漫谈，或一对一聊天，或发放宣传单，与群众就果树种植、低保办理、进行面对面、心贴心的宣讲；依托乡村儒学讲堂，组织儒学志愿宣讲团为村民讲解《论语》《孟子》等国学经典，传唱弘扬优秀传统文化。在城区，依托广场儒学讲堂、圣源国学大讲堂，在公园、广场、车站等人群密集的地方组织宣讲团成员进行集中宣讲，让宣讲像空气一样无处不在，让群众随时随地都能接触到正面信息，感受到正能量。

一个个微宣讲团犹如一支支“轻骑队”，不停地穿行于泗水的城镇村落、山山水水，开展微宣讲活动500余场次，成为活跃在基层的一道亮丽风景。细润无声，微宣讲以它机动灵活的方式，让政策不再枯燥，道理不再疏远，党的理论入脑入心，内化为全县人民的精神动力和行动指南，泗水发展呈现出跨越发展、进位赶超的良好态势。

思考与启示

启示一：基层理论宣传工作要奏好“大合唱”。基层理论宣传工作线长面广，涉及千家万户，单纯依靠宣传部自身力量是不行的，必须打破部门“单打一”的做法，树立大宣传的工作理念，学会巧借“东风”，借力运作，实行工作联动，构建大宣传网络格局，奏好“大合唱”，从而有效地改变基层理论宣传人手少、缺队伍的状况，实现深入基层的广覆盖，推动党的理论政策直达基层群众。

启示二：基层理论宣传工作要善于出新招。生动活泼、喜闻乐见、有的放矢的形式方法，是推动科学理论走进群众、入脑入心的关键。理论宣传要从大处着眼，从小处入手，在“微”字上做文章，在“新”字上下功夫，以微电影、小品、快板等多种“接地气”的方式方法，把中央及省市相关会议精神传达到基层。泗水微宣讲时间不求长，听众不求多，场面不求大，通过小品、相声、微视频等形式，把党的理论在润物无声中浸入百姓心田。

启示三：基层理论宣传要着眼百姓关切。只有把群众关注放在心上，把“大道理”与群众关切紧密结合，并贯穿理论宣传活动始终，才能使宣讲讲到群众的心坎上。泗水微宣讲团不断加强基层调研，全面掌握群众所想、所盼、所思，为群众开展“精准式宣讲”“菜单式宣讲”，使以往群众对理论教育“敬而远之”变成了现在的“愿意听、想要听、入心听”，让理论宣讲在基层焕发出了蓬勃的生命力。

启示四：基层理论宣传要有制度保障。要不断完善运行保障机制，加强宣讲工作人才、经费等保障措施的落实，将宣讲工作经费纳入财政预算，为活动开展奠定坚实基础。要不断健全考核表彰机制，将理论宣讲工作纳入各级党建工作总体规划，纳入各级领导班子和领导干部科学发展综合考核体系，推动宣讲工作制度化、规范化、科学化。要不断完善宣讲人才培养选拔机制，逐步打造一支覆盖广、靠得住、撤不走的宣讲队伍。

舞前一刻钟　润物细无声

引　言

在开展道德讲堂活动过程中，新泰市不断创新道德讲堂活动内容和形式，把道德讲堂由室内搬到室外文体小广场，每次组织2～3人以“舞前一刻钟”的形式，让无数“草根英雄”的平凡事迹走上讲台，用身边人讲身边事、用身边人说自己事、用身边事教育身边人，推动了道德讲堂更好地贴近基层、贴近群众、贴近生活，使道德讲堂的内容更加真实、更具感染力、说服力和影响力，在广大群众的感情上引起了共鸣。自该活动在全市推广以来，新泰市共举办“舞前一刻钟”道德讲堂3000余场次，所有村居、机关单位设立四德榜1230个，上榜人数达到总人口的60.7%。

背景起因

在农村开展“道德讲堂”，借用传统文化的教化作用，倡树新风尚，弘扬正能量，是新泰市推进乡村文明行动的重要举措。传统的组织形式是在室内举行（如礼堂、会议室等），组织群众是个难题，群众参与热情不高，往往出现“豆腐挑子一头热”的现象。一些地方的“道德讲堂”形式单一，内容枯燥无味，对群众缺少吸引力，从而让群众对“道德讲堂”失去了兴趣。

在新形势下，如何在广大农村开展好“道德讲堂”？组织什么人来讲，讲什么内容，采用怎样的形式？新泰一直在积极探索和思考。新泰在推进乡村文明行动过程中，村村都建起了的文体广场，每天晚上，跳广场舞的人很多，群众其它娱乐文化活动也开展得有声有色。白天村民都忙，很难组织开展。针对这一实际情况，新泰市创新组织形式，决定把“道德讲堂”从室内搬到室外露天的文体广场，让群众讲讲自己的故事，既通俗易懂，又可以让更多的人受教育。

2014 年以来，在新泰市委宣传部的引导下，每个村纷纷把“道德讲堂”由室内搬到室外，每次组织 2 ~ 3 人，以“舞前一刻钟”的形式，请各村评选出的好媳妇、好婆婆、五好村民、诚信经营户等道德典型上台，给大家上一堂“道德”课，其真人、真事，具有真感情，大家听得懂、看得见、做得到。通过“舞前一刻钟”道德讲堂，新泰大力宣传了社会主义核心价值观，弘扬社会新风尚，传递社会正能量。

发展演变

在开展“舞前一刻钟”活动之前，新泰先在岳家庄乡、石莱镇、青云街道、翟镇挑选了几个村作为试点，从组织形式到主讲人材料，都进行了精心组织和严格审核把关。

2014 年 3 月 27 日，第一场“舞前一刻钟”道德讲堂在岳家庄乡辉德村文体小广场拉开序幕。当晚，辉德村文体小广场上聚集了 300 多人。

“俺儿和儿媳妇，天天变着花样给俺做饭，得病了，守着俺打针吃药……”村民王传喜动情的讲述起自己儿子、儿媳平时孝敬自己的点点滴滴。“如果为了多赚钱去坑蒙拐骗，可能一时会得利，但是时间长了，肯定就没人愿意和你做生意了。”一位经商的村民用朴实的话语告诉大家诚实守信才是做人之本。他们一讲完，辉德村村民们就纷纷议论起来了。“传喜的儿子儿媳还真孝顺”，“挣钱就得讲诚信”，“这堂课上得真好”……即使跳起舞来，有的还没评论完，说到自己儿子儿媳也很孝顺时，跳舞就跳得更欢快了。

从群众人数及反响看，第一场“舞前一刻钟”活动效果不错，在接下来的几个试点中，每当一个乡镇开展“舞前一刻钟”道德讲堂时，市委宣传部的领导必到，让其他乡镇街道的宣传委员和该乡镇的村支部书记也参加。活动结束后，让大家提意见和建议，及时总结经验。正是在相互学习和借鉴中，“舞前一刻钟”活动在内容和形式上得到了不断拓展和延伸，由单一由道德模范主讲，逐步完善形成送经典、送道德、送吉祥、送欢乐“四部曲”，让“道德讲堂”更加丰富多彩、更加深入人心。在新汶街道孙村社区开讲时，广场上达到了上千人的宏大场面。

送经典——主持人事先准备三四句国学经典，恰当地穿插到人物上场或节目开始前，诵读并解读经典，让群众进一步认识了解国学，感受中国传统文化的魅力，增强民族凝聚力，帮助人们树立明确的价值观念，形成正确的人生观、价值观、道德观。

送道德——由各村（社区）从“社会公德、职业道德、家庭美德、个人品德”等道德典范中组织推选出 2～3 人，请他们讲讲自己的故事，即用身边人讲身边事、用身边人说自己事、用身边事教育身边人，诠释“德、孝、仁、信”等中华传统美德。

送吉祥——每个村结合实际情况，给每名讲课的道德典范送一份带有吉祥寓意的小礼品，或一幅书画，或一束鲜花，或一个杯子等，表达对他们的尊重。

送欢乐——举办一场文艺晚会，节目尽量丰富多彩，由村民自编自导自演。或结合送戏下乡，开展“舞前一刻钟”活动。

新泰重点打造的“文化四季、欢乐平阳”文化惠民品牌，每年都组织“春之声”“夏之舞”“秋之韵”“冬之乐”送戏下乡活动，以满足群众日益增长的文化需求。

“舞前一刻钟”道德讲堂用身边人讲身边事、用身边人说自己事、用身边事教育身边人，这一创新形式接地气，大家平日里看得见、摸得着，让人信服。它把道德用通俗易懂的故事讲出来，更容易让人接受，能听到“心里去”，容易引起普遍共鸣。

难点问题

在开展“舞前一刻钟”活动的实践中，也发现了一些问题，引发了我们思考。

一是道德讲堂档次水平不均衡。各乡镇之间、村居之间发展不平衡，举办“舞前一刻钟”道德讲堂档次水平也不一样。个别村组织开展“舞前一刻钟”道德讲堂不积极，走过场，活动不吸引人，没有实质性的教育内容，观看的群众没有感受到心灵的震撼和启发。

二是道德讲堂开展的次数较少。在督查“舞前一刻钟”活动时发现，受场地、经费、主讲人个人因素等因素的限制，有些村道德讲堂开展的次数比较少。如文体广场建设不均衡，有的村文体广场面积达到上万平方，有的村文体广场只有200平，有的文体广场服务半径过大，对群众的服务距离较长，道德讲堂的作用未充分发挥出来。

三是部分村存在流程上把关不严。在送道德的环节上，有的事迹不突出，有的口齿不清，没有达到预期的目的效果；在送经典环节，有些单位只是简单地选择了一些道德名言警句进行诵读，而忽略了对经典的解释说明，让受众在领会理解上打了折扣；在送欢乐上，节目单一，歌舞类较多，直接弘扬道德的节目较少。

应对措施

“舞前一刻钟”活动中，存在的问题制约了道德讲堂进一步发展，为确保道德讲堂建设取得长效、实效，我们采取以下措施，力求突破。

1. 针对场所受限采取相应措施。为保证每个村拥有一个高标准的文体小广场，加大投入是关键。采取“财政支持一点、村里自筹一点、包村单位帮助一点、社会捐献一点”等办法，多渠道筹措资金，激发了各乡镇街道、行政村建设文体小广场的积极性，有效推动了全市文体小广场建设进度。一是设立专项资金。新泰市财政每年设立 2000 万元乡村文明行动专项资金，对文体小广场建设进行奖补。二是积极对上争取。市体育局为 16 个乡镇健身活动中心、21 个社区和 833 个行政村无偿配建体育健身器材，总价值达 1000 余万元；市财政局对上争取到省里“一事一议”财政奖补乡村连片治理试点项目，帮助 3 个乡镇 27 个村建起了特色鲜明的主题文体小广场。三是借助“双千双万”连心工程，让各个包村工作组大力帮扶，其中，228 个村在包村工作组的帮助下，建起了文体小广场。四是通过大力宣传建设文体小广场的意义和作用，激发社会人士的投资热情。

2. 针对经费受限采取相应措施。市里将基层文化宣传专项资金列入财政年度预算，并根据工作需要逐年增加经费投入，专项用于开展文艺活动。特别注重专项经费向经济薄弱村倾斜，促进公共文化服务均等化。如：新汶街道为了帮助各村节省开支，由办事处花费 10 多万元买了一套高质量的灯光、音响设备，哪个村需要哪里搬，让“舞前一刻钟”中的“送欢乐”环节显得格外出彩。

3. 针对人员素质受限采取相应措施。很多道德典型比较朴实，能做却不能说。各村结合实际情况，能现身说法的尽量自己讲，讲不好的就让别人代他（她）讲。如在新汶街道黄山村“舞前一刻钟”道德讲堂开讲时，一位妇女同志替婆婆上台发言：“婆婆70多岁了，几十年如一日细心照顾97岁的爷爷，常把药喂到嘴边，又把饭端到床前……婆婆为我们做儿女的树立了榜样，今后，我会经常回家看看，也让婆婆能度过一个幸福的晚年。”这样不仅效果好，而且让一家人跟家和睦。

4. 针对活动开展次数少采取相应措施。要求各村按照“送经典、送道德、送吉祥、送欢乐”四个流程，把“舞前一刻钟”道德讲堂的活动资料保存好，且将这项活动持续地开展下去。在这方面，市镇两级加大督导，多举措帮助村里开展“舞前一刻钟”活动。新甫街道办事处综合利用PPT课件、视频、音乐等形式，让广大村民更形象地认识到孝道和家庭关系的重要性，引导他们如何践行孝道，如何处理好家庭内部的夫妻关系、婆媳关系，如何教育好子女，如何处理好邻里之间的关系。这样的道德讲堂一样深受群众欢迎。

5. 针对缺少道德主题节目采取相应措施。新泰调动文化骨干的创作热情，将身边好人好事、典型事迹及社会热点讨论话题以三句半、舞台剧、快板等形式搬上舞台，让老百姓听得清、听得懂、想得透、记得牢。组织传唱《四德歌》《婆婆也是妈》等特色歌曲，100名音乐老师在全市近百所中、小学播撒诚、孝、仁、爱的种子，各村文化带头人利用文体小广场带动村民进行传唱，让群众在潜移默化中感受道德的力量，在全社会形成自觉践行“四德”精神的浓厚氛围。新泰还启动了“百千万”文艺队伍培训工程，采取市级示范培训、乡镇重点培训、菜单培训相结合的方式，培训百名镇级群众文化辅导员、千名村级业余文化艺术辅导员，培养万名城乡群众文化活动志愿者，从“送文化”到“种文化”，农村文艺活动实现常态化。

取得成效

“舞前一刻钟”道德讲堂开展以来，得到了广大人民群众的认可，形式不断创新，内容不断丰富，其效果结果也随着时间的推移日渐显现。在“舞前一刻钟”引领下，新泰打响了“德润平阳·文明新泰”道德文化品牌。截至目前，全市累计收集储备各类道德典型5万余名，对上推荐道德典型130名，3人荣登“中国好人榜”、24人入选“山东好人榜”、34人入选“泰安好人榜”。

沟通多了，关系近了。大家推选好婆婆代表讲讲如何和媳妇相处。“虽然和儿媳妇处于两代人，只要多沟通，你对媳妇好，媳妇肯定也会对你好。”婆婆代表说，和儿媳妇相处其实很简单，只要将心比心，把儿媳妇当成女儿，没有处理不好的事。她的观点得到了大家一致赞同。这些村民身边的好人，用行动传递着“与人为善”的理念，用沟通加深了彼此之间的距离。

好人多了，风气正了。“舞前一刻钟”道德讲堂讲述的人物、故事，有效弥补了抽象的价值理念“站太高、离太远”的局限。在“舞前一刻钟”的作用下，许多默默无闻的美德善举被挖掘发现、宣传推广。有位好的典型就是通过参加“舞前一刻钟”活动，被一步步推上来的。她照顾瘫痪在床的丈夫和母亲二十多年如一日，在逆境中默默地承受着苦和累，为老人、为丈夫、为家庭做出了巨大奉献，不仅为全村，也为全市树立了榜样。

素质高了，形象美了。“俺娘虽然不是俺的亲娘，但她从小照顾俺，她现在老了，俺就应该好好尽孝，经常把老人接过来一起住，照顾她的衣食住行，陪她聊天，有时带她一起出去旅游。”青云街道瑞山村一名孝德模范作为养女用自己尊老孝亲的实际行动感动所有来看演出的群众。在新泰广大农村，四德榜无疑是一道靓丽的风景线。各村的道德模范正用其自身的实际行动，充分发挥其感召力，用道德力量净化着人心，在道德建设上涌现出了“人人争模范，行行出典型”的新局面。

启示与思考

“舞前一刻钟”把道德讲堂由室内搬到室外文体小广场，让“草根英雄”走上讲台，讲述老百姓自己的故事，道德宣讲的内容更加真实、更具感染力、说服力和影响力，道德讲堂也更加贴近基层、贴近群众、贴近生活，更加符合基层村居群众的生产和生活特点，是道德讲堂从形式到内容的一次全新尝试。

“道德讲堂”建设需要根据群众需求不断创新形式。“舞前一刻钟”属于一种创新，是开展好“道德讲堂”一个切入点。“舞前一刻钟”形式多样、富于创新，满足不同层次、不同年龄受众的口味。这一创新讲堂变教育者与受教育者的垂直关系为平等对话关系，凸显了公民道德教育的平等性、互动性和民主性，充分调动了群众参与的主动性、积极性和创造性。

“道德讲堂”建设需要激发群众参与的积极性主动性。“舞前一刻钟”坚持贯彻党的群众路线，坚持人民主体地位，按照“群众参与、群众受益”的思路，激发群众的主动性和创造性，让群众自觉承担起发动者、推动者、参与者和受益者的角色，吸引越来越多的群众主动投身到道德实践中来，引导他们实现自我教育、自我管理、自我提高，同时不断提升社会管理水平。

“道德讲堂”建设需要日积月累久久为功。凭借“舞前一刻钟”这个载体和平台，新泰市积极引导群众积小善为大善、积小德为大德，自觉成为道德的传播者和践行者，在全社会营造了“存好心、做好事、当好人、有好报”的价值取向，引领了社会新风尚。“舞前一刻钟”春风化雨般提升广大群众的思想道德素质，大力促进了人际关系的融洽和谐，形成风清气正、崇德向善的良好氛围，提升了群众文明素养和文明行为的养成，牢固构建起和谐社会的思想道德基础。

政务微信群助力提升政务宣传效能

引 言

近几年，随着微信网络新媒体的快速发展，越来越多的政府部门开设了政务微信。2015 年，在大众舆情中心每周发布的山东政务微信影响力排行榜上，“岱岳微视角”“泰安市岱岳区旅游局”“泰安市岱岳区人民检察院”等政务微信从全省 920 个政务微信平台中脱颖而出，位列前列，受到社会各界关注。

去年以来，岱岳区政务微信如雨后春笋般涌现，“遍地开花”。目前，全区 17 个乡镇（街道）全部开设了政务微信，已有 17 个区直部门单位开设了政务微信，成为泰安比较有影响力的政务微信群。

顶层推动，成群抱团发展

互联网的触角延伸和网络传播对社会生活的全方位覆盖，日渐改变着人们的生产和生活方式，对政治、经济、文化正产生着越来越大的影响。“网络问政”离不开微博、微信等自媒体平台，发展“政务微信”成了不少政府的不二选择。政府对政务微信是否有前瞻性的认识、清晰的思路以及成熟的理念对政务微信能否产生影响力起到至关重要的作用。

岱岳区积极探索加强、改进和创新宣传工作的思路和方法，打造网络新媒体宣传新平台。主动适应微信网络新媒体发展趋势，2014 年 7 月，岱岳区委宣传部探索建立起全区第一个政务微信平台——岱岳微视角。在政务微信建设上，岱岳区委区政府主要领导高度重视，多次对“岱岳微视角”政务微信建设提出意见建议、给予指导，把建立政务微信作为信息发布新窗口、网络问政新平台和为民服务新桥梁的有益尝试，提高影响力，站稳网络舆论新阵地，更好地服务全区经济社会发展。因此，在整体定位上，“岱岳微视角”坚持围绕中心、服务大局，正确把握舆论导向，突出宣传全区经济社会发展新举措、新亮点和新成效以及地方人文历史、风土人情、特色文化等，突出关注岱岳人、宣传岱岳事、传递岱岳正能量。“岱岳微视角”政务微信很快得到了全区广大党员干部以及社会各界的关注，宣传效果明显，社会反响较好。

“一枝独秀不是春，百花齐放春满园。”发挥“岱岳微视角”政务微信示范带动作用，岱岳区委区政府加大政务微信建设力度，扩大政务微信覆盖面，全区 17 个乡镇（街道）全部开设了政务微信，与群众工作密切的 17 个区直部门单位先行先试开设了政务微信，如“泰安市岱岳区旅游局”“岱岳先锋”“泰安市岱岳区人民检察院”“岱岳民生”等一批政务微信如雨后春笋般涌现，“遍地开花”，形成了政务微信群。

创新思维，注入发展活力

对岱岳区来说，做好政务微信并非一蹴而就，有好的经验可以借鉴，但更多的是靠“摸着石头过河”。做不好，没有影响力的政务微信将会“石沉大海”，变成“僵尸微信”；要做好，并脱颖而出，则更需要发挥首创精神，为政务微信注入活力。

利用微信在宣传方式、语言风格等方面先天优势，“岱岳微视角”政务微信注重以图文并茂的形式、生动活泼的语言、贴近群众的视角，通过群众喜闻乐见的方式编发信息，达到凸显“美文、美图、美岱岳”的宣传效果；注重把握发送时间特点，适应微信传播速度快的要求，有的放矢，保证信息刊发的及时性；注重把握发展特色，及时关注前沿科技信息，排版方面从一开始的简单图文到现在的精美板式，形式方面由单一的文字形态转化为图片、视频及由音频、图片转化为视频、微场景等多种形态，使读者得到立体、交互式的阅读体验。

不仅要吸引更多粉丝关注，还要感染到粉丝，让每一个粉丝感受到岱岳区的发展活力、地方魅力和传递出的正能量。通过实践，“岱岳微视角”政务微信创作团队意识到，把每一条微信都做成“精品”，就需要把文字美、图片美、内容丰富、视角贴近群众等做到更好，这离不开好的素材。为此，岱岳区积极拓展信息来源渠道，通过整合资源，把市区摄协、音协、书协、作协等协会资源和驻泰媒体资源整合起来，建立起合作关系，组织开展各种形式活动，共享素材，提高文字、图片、视频的质量及创意、编辑的水平。同时，发动乡镇（街道）、区直部门搜集报送素材，共享信息资源。为达到更好的传播效果，创作团队还密切关注各级网站、微博、报刊等媒体，寻找适宜的素材，但并不直接转发，而是力争对信息进行更全面、更深刻、不同角度的解读。

“岱岳微视角”政务微信上线以来，已编发微信1100余条，粉丝11600余人，总点击量达220万余人次，其中，《在泰安，有这样一个小镇，我愿在此终老!》《你知道这些乡镇（街道）名字的来历吗？泰安人必转!》《我叫岱岳，这是我的简历……》等微信，以新颖的题目、活泼的语言、精美的图片、丰富的内容展示，吸引了众多粉丝关注，阅读量和转发量达三四万人次以上。2015 年，在大众舆情中心每周发布的山东政务微信影响力排行榜上，“岱岳微视角”连续 44 周在全省 920 个政务微信平台中排行前 50 名，最好成绩位列第 11 名。“岱岳微视角”成为岱岳区一个重要的宣传平台，在服务全区经济社会发展，提升岱岳知名度、美誉度和影响力上发挥了重要作用。

在岱岳区，区直部门立足业务职能，积极探索政务微信管理运行新模式，不断提升政务微信的影响力，提升宣传效果。

岱岳区是环泰山、泰城乡村旅游休憩带的“主战场”。前几年，岱岳区委区政务对“微旅游”的认识局限在旅游部门、旅游景区是否开通了官网、官方微博、论坛及手机 APP 客户端等方面。但实践证明，微信的出现，一下子打破了该区在官网、微博等阵地的坚守。岱岳区委区政府认为，微信是实现当下旅游精准式营销、病毒式营销、低成本营销和大众营销的利器，每个人都是一个媒体人或者营销员。

基于这样的认识，2014 年 4 月份岱岳区旅游部门开通了以“服务粉丝、服务旅游业”为核心理念的“泰安市岱岳区旅游局”政务微信，开启“主动”服务的模式，服务辖区内旅游全产业链。服务于旅游企业，免费为景区、旅行社、宾馆、饭店、购物广场等设计宣传文案、发布产品线路、优惠信息等；服务于粉丝，始终保持微信平台内容的鲜活性，站在粉丝的立场，以专业角度为粉丝提供交通信息、出行建议、游览注意事项、最新优惠信息等，成为粉丝出游的“指导手册”。到 2015 年底，已累计发送信息达 2000 余条，粉丝达 1 万余人，点击量达 200 余万人次，单条最大阅读量达 6 万余人次；在大众网舆情监测中心“山东政务微信排行榜”中连续八期进入全省前 50 强，在“山东省旅游政务微信影响力排行榜”（已发布 2 期）中位列第 2 名。

同样，为提高党建信息传播效果，岱岳区组织部门开设的

“岱岳先锋”政务微信策划开展了“身边党员随手拍”图文征集、“党员微故事”征集、“年终岁尾晒党建”、“村级党建点点看”、“第一书记在行动”、“党员心语”、“微体会”、“村支书感言”等专题活动，广大基层党组织和党员踊跃参加，满足了党员多元化、个性化需求，提高了基层党员学习兴趣，实现了党组织和党员之间的“亲密”“即时”“微距”接触，成为广大党员的精神家园。

基层乡镇（街道）政府也在积极探索创新政务微信宣传的方式方法，进一步增进政府和群众的交流，提升群众满意度。岱岳区山口镇政府“山口今视点”政务微信突出“本地化、个性化”特色，先后打造推出了“山口人物”“谁不说俺家乡好”“咱山口原来辣么美”“山口故事”等固定的、网民喜欢的品牌栏目。对网民留言，他们做到“有问必复”，同时将其作为政策评估、民意反馈的“舆评”平台，在促进政府决策的科学化，提升民意满意率，把握舆情走势上发挥重要作用。目前，山口镇政务微信关注总人数达7000余人，单条微信阅读量最高达1.2万余人次。在“爱微帮”微信平台排行榜上，“山口今视点”保持泰安前十位；全国政务类排名最好成绩位列第386名（据统计，目前全国政务类微信平台有4万余家），是泰安市比较有影响力的乡镇政务微信平台。

加强管理，强化舆情意识

政务微信是一把“双刃剑”，管理到位、回应及时、内容真实、服务周到，就能起到沟通百姓的桥梁作用，相反，则可能会“引火烧身”。岱岳区委区政府认识到，如果开通政务微信，一旦管理不善，或者对粉丝的提问解答不及时、不到位，就会引起很多猜测，陷入舆情危机的泥潭。

在开设政务微信前，要求各乡镇（街道）、区直部门充分考虑开通账号条件的成熟度，如，是否有时间运营、编辑团队是否了解互联网话语体系、运维人员能否把握网民的特点。对开通条件成熟的，要求做好建立完善的账号备案机制、信息发布授权机制、内容审核机制和舆情监测应对机制等前期准备工作。

随着越来越多的部门单位建立政务微信，岱岳区通过采取“一对一”单独培训、举办全区微信培训班等形式，对部门单位政务微信建设进行业务指导。创新激励机制，设立“岱岳微视角”优秀微信奖，调动各级各部门做好政务微信宣传的积极性、主动性和创造性。同时，加强对全区政务微信的管理，制定政务微信管理办法，对政务信息发布流程进行详细规范，特别是对突发或敏感事件的信息发布进行严格规定，主动把握正确的舆论导向。

启示与思考

近年来，不少政府部门开设了政务微信，但很多却成为“僵尸微信”，继而认为微信不适合作为政府部门的宣传平台。而岱岳区政务微信群建设的实践证明，通过完善机制、加强管理、创新思维，为政务微信注入活力，政务微信就能在政务宣传中发挥重要作用。

政务微信要注重整合资源，形成交叉式的政务微信架构。目前，政务微信运营成为当前各政府部门的新课题，不少政务微信开始呈现“僵尸化”倾向，政务微信要保持生命力必须改变当前各自为政、条块分割的碎片化模式。岱岳区政务微信在推进过程中，注重用户需求，开展跨部门合作，积极拓展信息来源渠道，整合资源，对各类信息进行更全面、更深刻、不同角度的解读，形成交叉式的政务微信架构，为公众提供一站式、无缝隙的微信公共服务。

政务微信要注重生动活泼实用便民，做到既不沉寂，也不扰民。微信基于朋友圈的点对点的信息递送，对信息质量的要求大于对递送数量的要求。公众对政务微信的需求更是多样化，内容上要求实用便民，形式上生动活泼，接地气，刻板枯燥的政务微信已经不能吸引公众的眼球。岱岳区政务微信充分结合图文、视频、音频等多种方式，为用户推送服务类、实用类信息，不仅满足了群众的需求，又做到喜闻乐见，同时根据内容决定发布频率，对服务类信息和有迫切民生需求的信息提高发布频率，做到既不沉寂，也不扰民。

政务微信要注重运用多种互动反馈方式，解决公众实际问题。政务微信应更多开展平等双向的互动，单一的信息发布已经不能够满足当前公众对政务微信的期望，能够在政务微信上解决实际问题成为公众的新诉求。岱岳区政务微信为满足公众的需求，通过互动社区、互动问答、“舆评”平台等多种形式，开展丰富多样的互动方式，实现了用户与政府部门之间的“一对一”“一对多”或“多对多”的实时互动，真正发挥了“沟通”“便民”“施政”的价值，把“微服务”做成一个民心工程，解决了公众的实际问题。

“君子之风·美德威海”：道德建设的创新探索

引　言

“生在大海边自有大海情，父母教我要厚道待人要实诚，嘱咐不能忘叮咛记心中，做人咱就做好人有仁爱君子风……”伴着移动音箱中传出韵律优美的歌曲《君子之风》，遍布城乡广场上早起的威海人踏歌而起，翩翩跳动节奏欢快的“君子之风”广场舞，迎接崭新的一天。这是威海一个普通的生活场景。近年来，威海市结合地域文化和人文传统，积极探索弘扬传承君子文化与核心价值观建设融合共促的新路径，提出并大力推进“君子之风·美德威海”建设。工作开展后，瞬即引燃了群众的兴趣，形成了全社会自觉自发传习传统文化、践行核心价值观的良好局面。

那么，这项看似普通的活动有何魅力赢得了群众的热烈响应和积极参与？是怎么开展起来的？对弘扬传承中华优秀传统文化和培育践行社会主义核心价值观工作有哪些启示？

在大课题中探索新模式

党的十八大以来，新一届中央领导集体把推进核心价值观建设、传承弘扬优秀传统文化提到了前所未有的高度。习近平总书记在多个场合多次提出了一系列新思想、新观点、新论断，比如“中华优秀传统文化已经成为中华民族的基因，植根在中国人内心，潜移默化影响着中国人的思想方式和行为方式”“培育和弘扬社会主义核心价值观必须立足于中华优秀传统文化”“要加强对中华优秀传统文化的挖掘和阐发，努力实现中华传统美德的创造性转化、创新性发展”，等等。这些重要讲话、重要论述内涵丰富、深刻精辟，是党和国家最高领导人治国理政新思维的充分展现，是实现中华民族伟大复兴的重要方略。贯彻落实习近平总书记系列重要讲话精神，完成好传统文化和核心价值观建设重大课题任务，各级各部门肩负重任、责无旁贷。

但如何推进传统文化与核心价值观建设融通结合，是一项全新的课题，没有成熟的经验可循。这些年来，尽管威海市一直坚持融合推进传统文化与核心价值观建设，并于2012年开展了以“爱、信、孝、善”为主要内容的“美德威海”建设，2013年突出诚信内容开展了“美德威海·诚信威海”建设，但是仍有声音反映“本地特点不突出”“共鸣效果不强”“群众认同程度低”。深究原因，在于传统文化与核心价值观嫁接后吸纳威海“养分”不足，结出的果实不适应威海本地人口味。

为找到传统文化、核心价值观在威海本土的结合点、生长点，从2014年开始，威海市组织开展了两项大规模活动：一项是“深入群众大走访”，挨家挨户摸清“群众想什么”，找准群众关于统一推进传统文化与核心价值观、建设美德威海的兴趣点和兴奋点；第二项是“单车徒步”活动，市领导带头以骑单车或徒步行的方式深入农村、社区、学校、社会组织开展专题调查、走访，咨询查证“威海有什么”，找到威海与众不同的突出特点。

在集思广益的过程中，一个点渐渐由模糊变得清晰，最终闪亮出现，这个点就是“君子”——这个中华优秀传统文化与社会主义核心价值观融通对接的契合点，这个威海人的符号、威海人的基因。

从历史发展脉络上看，几千年来君子及其所呈现的君子文化一直是中华优秀传统文化特别是儒家文化的重要组成部分和精华所在。君子所体现和代表的许多思想内容，如匹夫有责的家国情怀、仁义共济的社会思想、崇德弘毅的修身追求，等等，都与社会主义核心价值观国家、社会、个人三个层面的价值取向、价值准则一脉相承，完全能够对接、互通。可以说，君子与其所代表的文化、所蕴含的价值，是中华优秀传统文化和社会主义核心价值观共同拥有的重要内容。在人们为道德失范、社会失信、文化失衡、价值迷失感到担忧的情势下，高举君子这面旗帜，重温君子这一代代相传的祖训，倡导做人做君子，顺应要求与期待，能够激起共鸣和认同。

威海三面环海，因海而生，依海而兴，一代代威海人在生产生活实践中，搏击风浪讲合作，耕海牧渔讲信义，抗击倭寇、保家卫国讲忠勇，对待亲朋、对待社会讲仁爱、讲谦恭……积淀养成了朴素的为人处事道理和优秀的精神文化特质。这些为人处事之理和精神文化特质与君子文化息息相通、一脉相承，已融进威海人的血脉，成为威海人世代延传的基因。君子，威海人认可。

2014 年 7 月份，这个具有威海特点、符合群众心理、融通中华优秀传统文化和社会主义核心价值观的新模式——“君子之风·美德威海”建设一经启动，便得到了社会各界的高度关注和积极响应。

在本土化中走出新路径

目标清晰，方向明确，“怎么做”是决定活动实效的关键。

威海市坚持立足区域文化资源特点，重点做好生活化、体系化、具体化文章，走出了一条契合群众期盼、独具自身特色的新路子。

全面挖掘整理宣传，放大区域君子基因。从始皇东游到全真创立，从东鲁遗风到万家书声，从戚继光抗倭到将军县的功名……历史为威海留下了丰厚的文化资源，为让这些资源重现绽放异彩，让“收藏在禁宫里的文物、陈列在广阔大地上的遗产、书写在古籍里的文字都活起来”，为“君子之风·美德威海”建设提供强有力的文化支撑，2014 年 7 ~ 10 月份，威海市组织开展了一系列调查研究及挖掘阐释活动。与山东师范大学齐鲁文化研究中心成立联合课题组，就威海文化资源开展为期 4 个月的专项课题研究，形成 10 余万字《威海文化资源调研报告》，对君子文化资源进行了系统梳理；与光明日报联合主办“君子之风·美德威海与社会主义核心价值观建设研讨会”，邀请来自北京大学、北京师范大学、中国伦理协会、山东省社科院等 20 多个院所、协会、单位的 100 多名专家学者齐聚威海座谈研讨，助力提炼升华威海君子文化时代价值和精神内涵；鼓励引导山东大学（威海）、哈尔滨工业大学（威海）等高校开展威海君子文化学术研究。2014 年 10 月到 2015 年 2 月，以“乡村记忆”工程为契机，组织发动威海历史文化研究会本土文化专家力量，全面搜集整理散布各地的君子故事、典型事迹，编撰出版《威海名事名人》系列图书，提供翔实学习资料。

采取边研究边阐发边宣传推广的方法，除了在全市各级各类媒体重要版面、重要时段开设专题专栏传播君子文化、讲述君子故事，还实施“国学大师引进工程”，积极从清华大学、苏州大学、安徽省社科联等高校或组织聘请“外脑”，深入机关、镇村、社区、学校、企业各个领域开展君子文化讲坛讲座；建成西火塘寨、大庄许家等 10 个乡村记忆馆，举办渔民节、母爱文化节、仙姑庙会、李龙山会等节会活动，吸引人们在参与体验过程中增强君子记忆、延续文化根脉。特别是，强化社会公益宣传，将弘扬君子之风与核心价值观内容有机结合，通过3.5万块寓景寓物的公益广告、每天至少20次以上的媒体刊播、几十万个私家车帖和购物袋以及系列主题公园、主题社区等方式，实现了公共场所、广场公园、街巷楼宇、建筑围挡、电子显示屏等15个方面100%全覆盖，让君子文化理念、主流价值观念像空气和水一样无处不在、无时不有，让广大市民时刻受到潜移默化的提升、一念之间的提醒。

坚持贯穿融入结合，推动君子文化深接地气。让君子文化内化于心、外成于行是一个逐步深入和升华的过程，重在春雨润物、融入生活。一是贯穿融入群众文体活动。根据“歌咏之城”群众爱唱以及城乡居民喜爱广场健身、崇尚国学的特点及需求，组织文体骨干力量原创推出一批与群众日常生活关联程度高的文艺形式、文化活动，有效推动了君子文化走进日常生产生活。编创的一首歌《君子之风》推出不久便唱响大街小巷，编排的一支“君子之风”广场舞一经推出就成为城乡群众的主要健身舞蹈，编辑出版的一本古代圣贤论述君子美德的书籍《君子之道格言》免费向市民发放，举办的一百余场“君子之道·幸福人生”文化公益讲座深受机关干部、企业职工及广大师生喜爱追捧。二是贯穿融入国民教育。把国学经典教育纳入中小学课堂教学，拿出专门课时，组织学生诵读《弟子规》《千字文》《千家诗》等文化经典；坚持月月大主题、周周小活动，围绕以孝为先、开展感恩教育，以雅为标、开展礼仪教育，以信为本、开展诚信教育，以俭养德、开展节俭教育，让广大学生在实践中提升人文素养、塑造良好品格。威海八中以《弟子规》等为主要内容，采取研发校本课程《学做弟子》、组建“行知学堂”等形式，创新国学经典教育，既促进了学校教学水平连年提升，又让学生在实践体验中快乐成长。三是贯穿融入社会教育。在各级图书馆和艺术馆建设“尼山书院”，定期开展公益文化培训、国学讲座等活动。积极实施“社区儒学”和“乡村儒学”推进计划，支持民间文化团体和民俗文化学者深入社区和农村普及推广优秀传统文化，全市涌现出了以儒莲、福道、雨花斋、“相约星期三”读书沙龙等为代表的一批优秀民间文化传播组织。威海儒莲文化传播公司积极传播传统文化经典，定期举办为期四天的“幸福人生”公益讲座，自2012年以来已举办59期，社会影响越来越大，学员既有高等院校的教授、博士和政府机关公务人员，还有企业高管、员工以及家庭主妇等。

立足可感可学可做，构建完善的先模榜样体系。先模榜样是有形的正能量，是群众身边鲜活的价值观。在“君子之风·美德威海”建设的实践中，威海市着眼增强典型榜样的层次性，积极探索构建包含文明市民、平凡好人、时代君子、道德模范四个方面的先模榜样体系，努力让不同岗位、不同领域、不同境界、不同追求的人们都能在“道德明星”与“平民英雄”“凡人善举”中找到学习的目标、赶超的对象。这四个方面的先模榜样，各自有着不同的内涵、不同的标准和要求：“文明市民”侧重讲礼仪、讲规范、讲秩序；“平凡好人”倡导每个人在日常言行的点滴中学做好人、在平凡岗位上做最好的自己；“道德模范”重在引导人们把道德模范当做效仿对象，努力争做道德模范的“同行者”；“时代君子”既弘扬传承中华民族传统美德，又善于与时俱进赋予自身时代精神特征，倡导人人争做爱心君子、诚信君子、有为君子、厚德君子、文明君子。随着“君子之风·美德威海”建设的不断推进，1.1万多名文明市民、平凡好人、时代君子、道德模范先后脱颖而出，成为人们学习的先模榜样，其中，有11人获评国家和省级道德模范，24人入选“中国好人榜”，114人入选“山东好人榜”。

为更好发挥先模榜样体系作用，威海市推行多项配套机制予以保障。建立先模榜样关爱帮扶机制，通过设置专项资金和提供养老保险、就业岗位、医疗补助、年度体检、学费补助等渠道，切实帮助他们解决工作生活中的困难，不仅把荣誉和掌声送给他们，更把温暖和关爱传递给他们。建立文艺精品创作引导机制，通过开展文学艺术评选、设立奖励资金、协助影视拍摄等多种方式，扶持激励文艺工作者积极创作以先模榜样为原型的文艺作品，先后推出了以道德模范事迹为原型的吕剧《一个钱包的故事》、以中国好人事迹为原型的快板评书《礼赞长城》、以中国好人事迹为原型的戏剧《孝女情》等20多个原创文艺作品，并在城乡巡回演出，用身边人演绎身边事、讲好身边故事的艺术形式感染群众、影响群众。此外，还出台专门意见，从组织领导、管理运行、检查考核等多个方面为先模榜样体系提供保障与支持。

狠抓落细落小落实，广泛渗透到社会发展实践。积极探索“君子之风·美德威海”建设与社会实践的结合点，搭建志愿服务、公益活动、文明创建、乡村文明行动等各种载体平台，组织开展形式多样、便于参与的道德实践活动，让人们在实践体验中把君子的种子植入心田。

——在城市，围绕进一步改善公共环境和公共秩序，以创建全国文明城市为契机，发动全社会力量全面整治升级城市公共环境，广泛开展“爱文明家园　做文明市民”主题实践活动，重点推进“礼让斑马线、排队上下车、不乱扔杂物”三项行动，引导人们在积极参与和亲身体验中增进认识，在言行举止和细节小事上改进提升，塑造整洁有序、彬彬有礼的文明修养。

——在乡村，抓住农村居家环境“脏乱差”、生活方式“亚健康”等深受诟病的问题，以乡村文明行动为抓手，围绕新城乡新布局、新村庄新生态、新农家新生活、新农民新风尚“八新”目标，持续深化农村环境综合整治，组织开展村训家训政训校训厂训店训等“六训”建设和“新农村、新生活”培训，引导人们在改进农村居家环境和生活方式中养成自强不息、勤劳质朴的良好品质。目前，80% 以上的村达到了县级以上文明村标准。

——在机关和企业，围绕提升公共服务、公共产品供给水平的要求，在党政机关开展创文明机关、做诚信公仆等活动，在企事业单位开展厚道鲁商、诚敬做产品、做榜样企业等活动，在窗口行业开展优质服务竞赛、诚信之星、美德之行等活动，在法院、工商、税务等 12 个部门建立诚信“红黑”榜发布机制并定期发布“红黑”名单，推动至诚至信、厚德载物理念在各领域各行业深深扎根。

——在社会领域，依托社会公益孵化机构，培育发展 2000 多个志愿服务组织，开发建设 12349 居家服务平台和“威海市志愿服务综合管理平台”，并通过这一平台与手机 APP 移动终端、志愿者电子信息卡之间的互联互通，对志愿服务活动实现了从招募注册、信息发布，到资源调配、服务记录、回馈嘉许等全程跟踪管理，为志愿服务提供更好保障与服务，让乐善好施、成人之美成为社会新风尚。

在新突破中彰显新价值

2015 年 1 月，在全省科学发展综合考核和群众满意度调查中，威海市连续第七年名列第一；2015 年 2 月，从中央文明委在北京召开的全国精神文明建设表彰大会上传来喜讯，威海市以第一名的成绩荣膺全国文明城市称号；2015 年 7 月，在山东省文明委组织的全省乡村文明行动城乡环卫一体化工作群众满意度调查中，威海成绩名列第一……这些成绩的取得，无不透射出强大的精神力量、文化力量、价值力量，显现着“君子之风·美德威海”建设的巨大成效。

社会主义核心价值观更加深入人心。“君子之风·美德威海”充分尊重群众的接受心理、接受习惯，顺势推进社会主义核心价值观建设，使群众更易懂、更愿接受，在威海市统计调查队2015年10月的专项调查显示，市民对核心价值观的知晓率达到98%以上。各界对核心价值观由认知到认同，由认同到行动，合奏出一曲曲浩荡华章：网络内外竞相“向国旗敬礼”，城乡基层同步纪念“我们的节日”，田间地头、街头巷尾响彻着退休干部“大喇叭”宣讲核心价值观的声音，以威高集团“忠心、良心、诚心”“三心”文化为代表的企业文化与核心价值观深度对接……在“君子之风·美德威海”的带动下，社会主义核心价值观走出书本、走下屏幕，走入百姓生活，更走进干部教育培训课堂，进入企业文化、行业规章、管理制度、职业规范，融入市民公约、村规民约、学生守则，成为全社会共同遵守的价值准则。

中华优秀传统文化得以更好弘扬传承。“君子之风·美德威海”倡导君子文化，既适应了当前社会兴起的传统文化学习热潮，又直通到群众的心坎里，进一步激发了全社会弘扬传承中华优秀传统文化的热情和激情。文登的“市民大讲堂”、环翠的“环翠讲坛”、荣成的“月月大讲堂”、乳山的“乳山讲堂”等一大批基层传统文化宣讲阵地先后建成。2015年6~9月份举办的“书香威海·全民阅读”活动，包含220个子项目，个个项目受到市民追捧，仅经典图书销售就超过120多万册。市及区市两级“尼山书院”开办的“周六经典诵读课堂”“孝道故事会”以及雅乐、礼仪、剪纸、绘画、书法等文化培训班，成了节假日家长与孩子的休闲生活乐园。古文书法、丹青绘画、古琴古音……在户外场地、居家厅堂、单位走廊、学校课堂处处可见可闻、可观可赏。

市民道德素养和社会文明风尚显著提升。人的文明，是一个地区、一座城市文明程度的根本体现。威海人的文明与温暖像不息的泉水在日常生活中静静流淌：斑马线前车与人文明礼让，公交站点人人自觉排队，街头巷尾不见一片纸屑、一个烟头，雪中上坡艰难的车辆后面总不缺真情相助的陌生的手，2000 多个志愿服务组织、25 万名志愿者常年活跃在基层一线……一个个“盆景”竞相绽放，形成了一道道靓丽的“风景”；一种种“正能量”积沙成塔，拥起了威海这座“道德高地”的新高度，涌现出“厚德环翠”“仁孝文登”“诚信荣成”“仁爱乳山”等具有鲜明地域特点的道德文化品牌。

转型跨越发展的共识力量进一步凝聚。随着“君子之风·美德威海”建设的深入推进，全市上下科学发展、转型跨越争当“走在前列排头兵”的信念更加坚定、步伐更加有力。特别是，抢抓威海作为中韩自贸区唯一地方经济合作示范区的机遇，接连促成三星重工、韩国乐天、中韩国际珠宝饰品城等一批大项目、好项目在威海落地生根，威海中韩跨境电商基地入选国家级电商示范基地；积极融入“一带一路”战略，11 个合作平台、18 个境内外合作园区、94 个重大项目纳入省实施方案；实施“全域城市化、市域一体化”和“产业强市、工业带动”等重大战略，加快转方式调结构，突破发展文化产业，威海油画艺术原创基地成果显著，仅书画产业项目就新建 5 个、投资均在亿元以上。

启示与思考

“君子之风·美德威海”建设在全国地级市中首开君子文化与核心价值观融通共促之先河，极大提振了当地群众的精气神，成为助推经济社会发展的强心剂，其经验做法值得思考。

1. **核心价值观建设落地，要紧扣大局，因势而谋。**在大局下思考和行动，既是一种政治担当，也是一种工作导向和方法。要始终关注当下热点，在大局大势下谋划推进工作，做到因势而谋、应势而动、顺势而为。正是顺应了大局大势所需，“君子之风·美德威海”建设才能有效整合了包括政、企、学、媒等各种资源力量，实现了1 +1 >2 的效果。

2. **核心价值观建设落地，要立足本土，准确定位。**适合本土的，才是最好的。从群众对“君子之风·美德威海”建设的热烈响应程度来看，最易引起本地群众共鸣的还是本土人文传统和精神特质。可见，弘扬传承传统文化和培育践行核心价值观，需将“本地群众需要什么”与“本土有什么”两者对接、统一起来，从本地资源中找到本地群众的兴趣点，这样才能使工作接地气、招人气。

3. **核心价值观建设落地，要以人为本，顺需而为。**射箭看靶，弹琴对人。弘扬传承优秀传统文化和培育践行核心价值观工作既要想清楚“为谁服务”的问题，始终围绕群众想问题、办事情，又要搞明白“怎么服务”的问题，在顺应群众需求的情况下提供有效服务，无论是活动形式还是阵地布设、主题设置等各个环节都应与群众的喜好、群众的需求充分结合起来，让群众自觉自愿参与进来、享受服务。

4. **核心价值观建设落地，要小处着手，实处用力。**弘扬传承优秀传统文化和培育践行核心价值观，都是长期任务，最忌贪多求快、华而不实、“一阵风”，而应该日积月累、久久为功，一步一个脚印地加以推进。必须从与群众生产生活关系密切的小地方着手，不畏小、不笑小，从小做起、以小见大，引导人们在小事小节中将传统文化和核心价值观内化为精神追求、外化为自觉行动。

破解广告的困扰
打造清朗文明城乡环境

引　言

在诸多的广告宣传载体中，墙体广告以其低廉的制作发布成本和比较理想的传播效果，成为商家争取市场份额的重要平台。与此相应，大量未经审批的非法墙体广告以铺天盖地之势席卷大江南北，从沿海到内地，从城市到乡村，从公共场所到居民住宅，无处不受其害；胶贴的、喷涂的，五花八门，层层叠叠，视线所及，满目“疮痍”，被形象地称之为城市“牛皮癣”，严重破坏了城乡的整洁亮化形象和公共管理秩序，污染了市民的视觉环境，降低了城市品位。自去年以来，威海市文登区本着“统筹协调、属地负责、突出重点、疏堵结合、深化管理、全民参与”的原则，标本兼治、多管齐下，形成了多渠道、多形式、多层次治理非法墙体广告的工作格局，全区范围内非法张贴、喷涂、散发小广告现象得到有效控制，社会秩序、市容环境面貌明显改善。

市容之困：小广告无孔不入不是大病却是顽疾

城市“牛皮癣”的存在，成因复杂，主要是受利益驱动。从广告内容看，大致可以分为两类，一是涉及老百姓日常生活需求的，从农机化肥、家电家具，到电信服务、家政服务等，居民生产生活有需要的，都可以在墙上找到卖家；二是涉嫌违法犯罪信息的，比如经常看到的“办证”“快速贷款”“按摩”等，制假、贩假的特别多，诈骗的也不少，信息杂乱，陷阱重重。无需否认，部分小广告提供的信息，如开锁、管道疏通、中介、清洗等，与群众生活需要密切相连，接受群体较为广泛，造成社会成员自觉抵制小广告的意识不强，为其营造了一定的市场，反过来助长了非法小广告的泛滥。从广告成本看，制作成本低、宣传费用低。据相关部门调查取证，每印刷一张小广告仅需要0.1~0.2元，40~50元就可以雇人上街贴上万张小广告。对于商家而言，如果选择正常渠道的广告发布收费少则近千元多则上万，涉嫌犯罪的刻章、办证、发票类小广告更不能通过正常渠道进行发布，但通过小广告散发获利能高达几万甚至几十万、上百万元。在经济利益的驱动下，有些人不惜铤而走险。

非法小广告形式复杂多样，多数是油漆喷打、不干胶张贴，大都附着在建筑物、构筑物的表面，清除困难，且反复清理对建筑外立面和市政公用设施损毁严重。“刚刚画上去的文化墙，晚上就被喷上了广告，‘一粒老鼠屎坏了一锅粥’，真是气死人”“今天你清理了，明天他就再贴、再涂、再写；这边刚被清洗，那边又不断冒出，防不胜防，让人头痛”，小广告之害可谓千夫所指、同仇敌忾，成为亟待解决的民生诉求。另一方面，清理小广告需要清除设备、涂料、工具、人员，经有关机构测算，在主要路段上，清理一公里小广告的费用每年大约1.36万元，北京西城区每年在每平方公里道路面积上投入达20万元。

监管之困：违法成本低执法成本高

隐蔽性强，违法成本低、执法成本高，这是整治城市“牛皮癣”工作面临的两大难题。商家出于逃避监管的考虑，墙体广告大多未经市场监管部门审核登记备案，而张贴、喷涂人员，要么是承揽区域作业的流动团队，要么是专门从事涂贴广告的本地团伙，作业时间大多是在夜间，由于喷贴手法简单隐蔽，当场抓获的难度很大、取证特别困难。即使被抓到了，涂贴者都是不带钱、不带身份证，对一切询问都是“不知道”，因为没有强制措施，让执法人员头疼不已，大多只能责令他们清干净自己所贴的小广告，起不到遏制作用；对异地广告商家的处罚，还需要协调当地市场监管部门，也常常费力不讨好。曾经风行一时的“呼死你”小广告警示系统、暂停违法小广告通信工具号码做法，也都因为与2012年颁布实施的《行政强制法》相关规定有抵触而被叫停。

目前对小广告的管理，涉及多家政府部门。公安部门负责打击涉及刻章、办证、涉赌、涉黄等犯罪活动的非法小广告的违法行为；城管执法部门负责对非法张贴、喷涂、散发小广告行为实施行政处罚；工商部门负责对非法小广告的广告主、广告经营者和广告发布者进行查处；文化市场行政执法部门对承接印刷非法小广告的企业进行查处。多头管理在一定程度上增加了惩处的难度，且单一的经济处罚并不足以对商家产生足够的震慑和约束——只要从业资质在，就不愁没钱挣。更重要的问题是，按照现有的法律法规，商家在农村非法发布墙体广告，公安、城管“管不了”，工商可以管，却常常是“约谈不到”。由于户外广告总体基数大、广告发布位置不明和执法力量有限等原因，基层单位监管常常“心有余而力不足”。

消存量控增量：打赢“歼灭”非法广告的“人民战争”

小广告泛滥，作为一种普遍存在的城市顽疾，在治理上，紧一紧就好些，松一松就反弹，难在持久、难在彻底。2015 年，文登参加威海市创建全国文明城市成功后，小广告一度出现反弹，引起社会普遍关注。无论是对照全国文明城市的高标准要求，还是维护多年打造的城乡优美环境、回应人民群众的急切期待，沉渣泛起、斑斑驳驳的小广告都显得格格不入。根治“小广告”迫在眉睫、势在必行。

主管部门“看好自己的门，守好自己的人”。区委领导主持召开了小广告治理专题会议，印发了《关于加强小广告专项治理的通知》，明确了 11 个职能部门和 17 个镇办在治理小广告中的责任，部署开展全区小广告集中清理活动。针对散发张贴小广告较多的域内开锁业、房地产开发企业、商超、医疗卫生单位、金融机构，分别由公安、住建、商务、卫生、金融办等主管部门与从业单位签订《不散发张贴小广告保证书》，落实情况纳入年度资信考核管理，实行“一票否决”。执法部门加强日常巡查管理，实行案件线索通报共享，一方查实、多方联合执法，对跨区域的案件及时报请上级主管部门介入查处，形成高压整治态势。组织各镇办将墙体广告整治纳入城乡环卫一体工作范畴，对交通主干道、连村路两侧墙体广告开展了拉网式普查，责成广告商家限期 10 天整改完毕，逾期未整改的，由相关主管部门介入处罚、各镇办统一组织清理覆盖。

舆论宣传“立体覆盖”。区属“两台一报”等媒体及“两微一端”新媒体同步跟进，开专栏、报动态、发评论，制作了抵制小广告公益广告在电视台《文登新闻》节目后常年播放，连续刊播《关于严禁散发张贴小广告的通知》，曝光了9起医疗、房地产、开锁、商超等行业违规广告行为，开展了媒体聚焦重点行业、重点区域治理小广告情况活动，以高频率、大密度、全方位、常态化的媒体宣传，构建起声势浩大的治理小广告“人人参与、人人喊打”舆论氛围。

志愿服务“定点清除”。将城区13个社区划分成222个网格，组织区直、镇办100多个部门单位的党员干部、4万余名在校学生集体认领志愿服务责任区，将清理责任区内小广告纳入每周一次的“志愿服务活动日”、每月一次的“党员社区活动日”、每季度一次的“环境集中整治”、每年一次的“学雷锋志愿服务活动周”服务内容，不定期通报活动开展情况，以重点人群带动家庭、推动社会，集中消解散布各处的小广告，成为专业清除机构的有力补充。

专业队“大包大揽”。为解决城管执法力量有限问题，腾出更多精力干好“主业”，采取政府购买服务的方式，将城区16条市政路及两侧小广告清理工作委托给专业保洁公司。公司组织人员每天对街道进行反复巡查，针对不同建筑物墙体和公共设施材料，分别采取刮铲、清洗剂清洗、粉刷、遮盖、打磨等方式清理各类小广告，夜间张贴的小广告，在次日上午8：00前清除。城管执法部门负责制定清除“牛皮癣”作业计划和考核标准，做好日常检查与不定期抽查，对清理不及时、不彻底的，予以扣分，不合格记录累计达到一定次数，按违约处理，扣除当月的清理费。

张贴栏“网开一面”。对服务类信息广告治理的关键在疏不在堵是文登各级在工作中达成的共识。由此，信息张贴栏进公共场所、进社区、进居民小区、进楼宇部署，短时间在全区763个村居变成了实实在在的合法广告阵地；城管执法部门也在重要路段、中心区域设置了30多处免费信息张贴栏，加上8处市场化运营的电子大屏和媒体广告专栏，形成了布局较为合理的服务信息发布网络，较好地满足了居民招工招租、家政服务、寻人寻物等正当的信息发布需求。

文化墙“美丽对抗”。结合创建文明城市，制定了《公益广告设置具体要求》，在城区及城区结合部，既注重从大处着力，制作推出了一批冲击力强、大气美观的大型广告，又注重从小处着眼，设计推出一批贴近群众生活、与周边环境浑然一体的公益广告，仅对威石路、初张路、309国道等域内干道15处3200多平方米巨幅商业广告就出资20多万元进行了覆盖、再造，实现了主干道、商业街、车站、宾馆饭店、窗口单位、城市社区、广场公园、建筑围挡、背街小巷、集贸市场、出租车、公交车等13个方面100%全覆盖。在镇村，深入挖掘村情历史、风情民俗和地域物产的丰富内涵，结合24字核心价值观、中国梦、仁孝文登、村规民约、善行义举四德榜等内容，建设历史文化墙、民俗文化长廊、道德展示榜，用文明向上的宣传占领农村阵地。泽库镇尹家村将村民的拿手面塑、省非物质文化遗产——胶东花饽饽制作成文化展板；回龙山下的宋村镇山东村，将秃尾巴老李的传说绘成墙体连环画；张家产镇大官庄村将村民应遵守的基本道德，制作成长达50多米的文化墙，涌现出小观镇东浪暖村、泽头镇望岛村、高村镇万家村等一大批全国文明村、全省乡村文明家园建设示范村和威海市“特色文化村”。

启示与思考

1. 宣传部门勇于担当敢于碰硬是前提。墙体广告滥发是个普遍性的管理难题，目前其主要内容正经历着由政治政策宣传向商业推广的巨大转变，一方面反映出了城乡经济所发生的可喜变化，另一方面也暴露出基层宣传工作阵地意识不强的问题。抓墙体广告，基层宣传部门责无旁贷。必须保持强烈的责任担当意识，不畏难、不怵硬，把该干的工作干好、该守的阵地守好。既要督促用好监管这副药，治愈墙体“牛皮癣”，又要推动建立长期常态投入、维护机制，让农村墙体文明工作有钱干、有人干、定期更新，成为形式养眼、内容向上、百看不倦的农村精神文明建设的有效阵地。

2. **完善有效的分工合作机制是根本**。墙体广告问题“战线”很长、容易反弹，单靠一个部门力量难以奏效，必须多个部门以及各个镇（街）村（居）相互协同、齐抓共管。部门层面，应坚持管行业就要管全面，将商家的广告行为与从业资质考核等挂钩，从源头上约束商家的任性行为。镇（街）村（居）层面，应明确他们的属地责任、主体责任，形成责任清单，配设督察问责机制，确保责任清晰、落到实处。同时，还要注意引入专业保洁机构、志愿服务等社会力量作为有益补充，提升工作成效。

3. **疏堵结合有破有立的工作措施是关键**。简单依靠执法部门围追堵截，容易陷入无休止的“你进我退，你退我进”拉锯战。要破与立并举、堵与疏结合，在集中清理非法墙体广告、开展全行业打假治假的同时，在农村、社区、重要胡同及楼宇等公共场所建立专门信息张贴栏，满足合理的信息发布需求，最大限度减少墙体“牛皮癣”的再生。此外，应充分发挥媒体的导向传播功能，持续跟进宣传墙体广告治理行动，既大张旗鼓地曝光，又春雨润物地教育，吸引群众参与进来，形成群防群治的工作格局。

日照东港“市民读书·政府买单”：一举四赢

引　言

在日照市东港区，群众到书店看书，不用花钱买就可以凭证“拿”回家，政府会替你买单。一个月后归还，此书将成为馆藏图书，继续接受其他市民借阅。这是日照市东港区推出的新举措。从7月份启动“市民读书·政府买单”活动以来，市民累计办理借阅证5007张，其中新华书店3658张，市民采购图书9228册，价值近27.37万元。读者借阅图书2.97万册，图书馆每天进馆人数达到1000余人次。市民们都高兴地说：“享受免费读书，这可是政府的文化福利大包了！”

座谈会上引出“新思路”

十八届三中全会以来，东港区立足文化事业改革创新的需要和新时期群众阅读需求，结合辖区内图书馆缺少的实际，设立专项资金规划改造图书馆。

2015年5月新改建的图书馆建成，需要大量购书。藏书怎么购买？图书馆怎么运转？为解决面临的新问题，6月初，区文化系统邀请部分人大代表、政协委员和社区工作者、市民代表等汇聚图书馆，召开了一次由不同层面群体参加的座谈会。“怎么购买图书、买什么样的图书”成为与会人员讨论的焦点。市民代表安玉伟提议，“书店里的书多、新而又丰富，每到周六周日或是节假日，很多市民都到书店‘蹭’书。现在的书这么贵，不可能买那么多，可以考虑一下怎么结合结合。”一席话，激活了与会人员和文化工作人员的思维，找到了创新文化工作的“钥匙”，文化“决策者”们迅速达成了共识：群众爱到书店看书，说明合口味；市民看什么书，图书馆就收藏什么书，利用率肯定高。

在此基础上，东港区文化部门组织各街道、社区广泛征求群众意见建议，收集合理建议100余条。经过梳理、完善，确定图书馆运转“新思路”：还权于民、市场运作、循序渐进、规范借阅。为此，从2015年7月份开始，在全区范围内创新开展了“市民读书·政府买单”活动，市民凭借图书借阅证即可在图书馆、新华书店及分馆分店等地免费借阅，1月后归还。这一模式，初步改变了过去市民购书阅读的传统方式，不仅为市民省下了一笔生活开支，还有助于增加市民的阅读量，丰富文化生活。

运转理念“以人为本”

很多地方，图书馆不受群众“待见”，馆藏书摆满书架，但前来借书、看书的群众寥寥无几，最终让花了大价钱的书“束之高阁”。表面看起来，是书不合群众口味，群众不需要；究其根源，还是文化决策者“以人为本”的理念不牢，“以我为主”的思想根深蒂固。要打破这种局面，就要选好书、群众喜欢的书。

怎么选群众喜欢的图书？成为图书馆最“头痛”的事。反复思考之后，东港区决定：与其政府购书，不如将图书选择权还给市民，直接让群众自己选书。为此，东港区前移购书环节，采购方式由政府集中统一采购改为由市民自主选择，让市民自己选择喜欢的图书。为实现这一目标，该区文体新局积极考察筹备，与新华书店协商谈判，建立市场合作关系：新华书店以大量的书籍和广泛的进书渠道为资源，为市民供书；区图书馆以政府买单的方式为群众提供读书服务。市民只凭图书借阅证，就可在新华书店直接免费借阅自己喜欢的图书，一个月后到图书馆或新华书店分馆归还，由区政府每月与新华书店进行结算。

7月17日，“市民读书·政府买单”活动在市新华书店正式启动。当天店内人头攒动，大批市民在挑选着自己喜爱的书籍。“这样自己来选择图书，可以不花钱就能带回家看，让读者有了自己的选择权，这项文化惠民活动真的不错。”刘女士边挑选书籍边说道。

活动业一铺开，就赢得了群众的高度认可，仅仅两天时间，在新华书店办理借书证的已达1000余张，借阅图书2800余册，图书码洋5万余元。

为进一步扩大影响力，让更多的市民享受文化惠民服务，“东港发布”微信、网站、电视、报纸等媒体连续推介，扩散适读人群，引起了越来越多的市民响应。随后，许多市民纷纷打听、咨询如何办理图书借阅证，并在图书馆门前排起了长龙。

市民的反应之大出乎意料，在欣慰活动成功的同时，群众的“不满”也同时收集上来：办证、借书两个地方，来回跑腿不方便！

群众的反映就是“晴雨表”。怎么办？一次到位！针对群众的善意建言，东港区迅速采取对策，将图书借阅证办理环节、还书环节再次前移，与新华书店合作，在新华书店开辟建立图书馆分馆，安排专人办公，市民凭身份证就可在新华书店直接办理借书证，市民可以将书直接在新华书店图书馆分馆还书，实现了图书通借通还，进一步方便了市民借阅图书。

8月10日上午，刚在新华书店选到一本《Swift编程语言》的曲师大计算机专业学生感慨：“计算机图书更新速度快、价格贵，在图书馆很难借到。现在在新华书店就可以办证、借阅、还书，读书更方便了。”

图书馆“兼职”图书交换中心

与新华书店合作，解决了馆藏的主要难题，但财政负担也非常重。若时间长久，难以为继。为解决这一问题，东港区将目光又瞄准单位和家庭藏书：借用单位和个人的藏书丰富图书馆藏，让沉睡的书籍活起来，沉淀的书籍流动起来。

单位、社区、村居、企业藏书都很多，如果不珍惜利用，很多有用的书籍会被浪费甚至销毁，非常可惜。为此，东港区在全区党政机关、企事业单位、村居（社区）农家书屋设立“图书漂流站”，广泛开展“图书漂流”活动，通过“以书易书、对等交换”的办法，区直机关、村居（社区）等党政企事业单位的图书“漂流”到区图书馆，各单位图书管理员可以不定期到区图书馆挑选相同数量的馆藏图书“漂流”到本单位，既让单位、村居、社区里的非馆藏图书流动起来，又实现了图书资源共享，提高了图书利用率。这样，区图书馆又变成了单位社区图书交换中心。目前，漂流活动已走进50余个单位村居，漂流图书13000多册，实现了“等读者进馆读书”到“进社区、进农村请读者读书”的转变。

同时，针对市民家庭藏书多、阅读率低的实际，在市民中同步推出“图书置换”活动，即个人用捐出的图书换取小剧场票、健身卡等，并根据捐出图书多少“升级”借书卡借阅数量，吸引了更多的个人图书流进区图书馆，丰富了图书馆藏。

创新举措实现“一举四赢”

通过实施“市民读书·政府买单”模式，政府减少了投入、市民看到了免费书籍、新华书店增加图书销售量，创新了全民阅读方式，实现了一举四赢

解决了“馆小书少”。“市民读书·政府买单”模式，主要解决了老图书馆面积小、图书少，难以完全满足群众阅读的问题。通过与新华书店、机关单位村居社区服务中心等单位合作，在不增加场馆基础设施建设的情况下，扩大了读书、借书的场所和藏书数量，相当于扩大了图书馆的面积，而且随着的活动进一步推开，更多的书店变成了图书馆的分馆，方便更多的群众选书、借书，进一步丰富图书馆藏书量。

节约了政府投入。“市民读书·政府买单”模式，变单纯的由政府办文化，拓展为吸引社会、企业资源合作办文化，有效整合利用了第三方资源，创新性地将书店图书纳入群众借阅范围，将图书经营场所变为市民借阅场所，政府相当于建设了更多的图书馆，不但大大减少了政府一次性大量资金投入，而且减少了后期运行成本。据测算，仅场馆建设费用能节约 1000 余万元，购书及运行费用每年能节约 300 万元，政府实现了投入资金的最大效能化。

提高了图书借阅率。“市民读书·政府买单”这一模式变市民被动借书为自主选书，使处于最末端的读者一下子被提到了最前端，成为图书采购的决策者、全民阅读的主导者，市民喜欢看什么书就借什么书，市民借什么书政府就采购什么书，极大提高了市民读书的兴趣，同时也提高了馆藏图书的可读性和针对性，解决了以往采购的部分图书进入图书馆变成“死书”的现象，

图书借阅率达100%。原先图书馆购书也是政府投入，可缺乏针对性。现在花同样的钱，但效果大不一样。

增加了书店收入。“市民读书·政府买单”最大限度发挥了社会图书资源的效用，对实体书店也是有力支持，带来稳定的客户群。“书店也扩大了读者群，增加了收入。”新华书店负责人对记者说，90%以上的读者在得知可以免费看书后都选择了这一服务方式，目前书店通过“市民读书·政府买单”已销售图书15万余元。

方便了市民读书。随着活动内容、活动形式的不断外延拓展，越来越多的市民及农村社区群众参与其中，群众读书由“买”到“借”，由“进城买”到“家门口借”，有效解决解决了群众看书贵、看书难的问题，看书、读书逐渐成为群众普遍追求的健康时尚生活，又带动了更多的群众喜欢上阅读，在全区掀起了全民阅读新高潮。同时，推行的“总分馆制”使一点借阅变为多点借阅，分布城市、镇街道驻地、乡村中心区域，更加方便市民就近借阅，省去了进城跑腿的烦恼。

启示与思考

1. *政府购买服务是文化发展的有效途径*。2015年1月，中办国办出台《关于加快构建现代公共文化服务体系的意见》和《国家基本公共文化服务指导标准》，明确要求县级以上各级政府要在公共文化服务保障经费中安排专门资金，面向社会购买公共文化服务。东港区开展“市民读书·政府买单”活动，就是政府购买服务的有效尝试、创新举措。这一举措借助书店的图书服务，吸引培育市民阅读群，既满足了群众阅读需求，又营造了看书、读书的浓厚氛围。

2. *群众需求是做好文化工作的基本出发点*。东港区图书馆

2015年5月份改建开放，开放之前没有急着购买图书，而是对“群众喜欢看什么书”进行了深入调研。政府大包大揽、代替群众拿主意买图书，会出现不合群众口味、图书借阅不多的现象，最终会束之高阁成为“死书”，造成资源浪费。“市民读书·政府买单”活动，将选书权由政府还给市民，群众喜欢看什么，图书馆就买什么，“怎样让群众喜欢阅读、群众看什么的问题”迎刃而解。百姓需求是做好基层文化工作的基本出发点，只有按照群众的需求进行“点单”，才能真正满足群众需求，实现惠民利民。

3. 市场化运作是文化服务的有效模式。大包大揽文化服务，政府既没有这么多资金，也没有这么多人力、物力。“市民读书·政府买单”活动，充分借用市新华书店图书经营的雄厚资源，走市场化运转的路子，让市场、企业的场馆、资源为文化服务。这一做法，为政府节约了场馆建设资金，为书店扩大了读者群、增加了图书销售量和收入。正是市场化运作形式，不仅让文化服务实现了少花钱多办事、多办实事的目标，更提升了文化惠民的满意度、美誉度。

日照建立文明传播新媒体联盟 把握网上舆论引导主动权

引　言

互联网改变了世界，也改变了信息的传播方式与阅读方式。面对创新的大潮，日照市在文明创建工作中，及时转变思维方式与工作方式，用“五个创新”推动“三个转变”，建立自主文明传播平台，组建文明传播新媒体联盟，“文明日照”联盟关注的党员干部群众达50万人，牢牢把握舆论引导主动权，收到显著成效。

创新“两个坚定不移”传播理念抢占网上阵地

人在哪里，受众在哪里，宣传的重点就在哪里。在部署文明传播工作中，日照市创新思维，改变传统思维模式，提出了“两个坚定不移”，一方面，坚定不移地依靠传统主流媒体，充分发挥报纸、电视、广播、期刊等传统媒体的作用，围绕中心工作，开辟专栏、专版、专题，形成宣传声势；另一方面，坚定不移地发展新媒体，积极应用新媒体，实现相互借势，相得益彰。

互联网改变了世界，也改变了信息的传播方式与阅读方式。

以微博、微信、客户端为主的新媒体有文字、声音、图片、动漫、视频、互动等多种形式，是各种传统媒体的集成，其传播手段、传播技术、传播方式也更加适应快节奏的现代生活，这就是新媒体的优势，也可以讲是传播优势。正是由于这些特点，媒体已由过去的信息垄断向现在碎片化、多元化转变，进入了官媒与自媒体多元发展时代，媒体影响力正在从报纸、客厅、桌面向“手指间”移动。

基于这种认识，2014 年底，日照市委宣传部、日照市文明办在办好日照文明网的基础上，着力“两微一端”的开发建设。投入资金先后开发了“文明日照”APP，升级了“文明日照”公众号、文明日照微博，形成了传统媒体 + 日照文明网 + 文明日照微信微博 + 文明日照 APP 的立体传播格局，文明传播效果大大提高。

“一个平台、四个产品”助力文明日照

在新媒体的整体布局中，总体布局是建设“一个平台”、开发“四个产品”，但我们重点建设了“文明日照”微信平台，拿出精兵强将办微信，靠精心策划吸引用户，目前“文明日照”微信公众号关注人数已达 17 万人。

“一个平台”指的是文明传播新平台；“四个产品”是指“一网、两微、一端”，即日照文明网、文明日照微信、微博、客户端；“一平台 + 四产品”如同航空母舰和飞机坦克、长枪短炮之间的互相配合，达到一次采集、多元生成、立体传播、形成合力的效果。每一条新闻的采集生成都是同步化进行，根据各自产品面向的受众，运用合适的语言进行推送，让传播效果实现 N 次叠加。

利用专业队伍管理运营微信平台。我们建立了 6 人的专职工

作队伍，根据文明宣传业务需要，采用以会代训、专题培训、个别指导等方式进行业务培训，使队伍的整体素质迅速提升。

目前文明传播系统的四个产品都是专业人才，各把一口，在最精的领域做最好的品牌。每个关口承担的任务量化分解，实行奖励制度，自采稿件、上级采用稿件分别给予奖励，精品稿件、单条阅读量超过 10000 的稿件给予“总编辑奖”。对重要稿件、重大典型协调报社、电视台及专业影视公司等共同进行采访报道，推动了重大文明典型的宣传上台阶。

通过先进技术融合完善微信公众平台功能。我们对文明日照微信公众号进行了改版，分设文明网、日照新闻、互动三大模块，每个模块下设二级栏目，如“文明网”模块融合日照文明网、文明日照客户端、微博、微官网，把文明传播系统的主打产品融会贯通连接起来；“日照新闻”模块链接日照的主流媒体《日照日报》《黄海晨刊》，日照电视台的“直播日照”；“互动”模块设置的是策划的活动、曝光不文明行为、投票、发布等内容，让受众参与进来，积极主动地开展各种线上线下活动。这样，只要一个文明日照公众号，读者就可以掌握日照本地的大事小情。

建立新媒体传播联盟讲文明故事

2015 年 7 月，我们做了一个全市文明单位新媒体平台调查，发现不少单位虽然建有微信平台，但没有充分利用起来。最大的问题是各自为战，各单位在自己的小圈子传播，力量分散，没有形成体系与合力，重大活动与报道呼应不够。为进一步加强日照主要新媒体微信公众号之间的交流与合作，繁荣、促进日照主流微信号的发展，提升日照主流微信公众号在本市的知名度和影响力，“文明日照”微信公众号发起，建立文明传播新媒体联盟，形成集团化作战的态势。日照文明传播新媒体联盟由日照市文明办主管，目前关注用户总量已达到50万人。

联盟联络处设在市文明办“日照文明网”编辑部，发起微信公众号均为联盟理事长单位。首批成员支持参与的有日照市住建局、日照市公安局、文化日照、日照市人民检察院、日照教育发布、日照旅游政务信息、日照消防、日照牵手公众联络平台、东港发布、岚山发布、莒县发布、今日五莲、开发区发布、日照山海天发布、日照银行等16个微信公众号。联盟每月组织一次优秀微信作品评选活动，联盟建立统一的作品展示平台，由微信评奖委员会牵头组织评选委员会对作品进行评选，并对优秀作品进行奖励。联盟成员根据需要，抓住某一新闻热点和大型宣传计划，合作、策划、组织、报道、经营等活动。联盟成员之间在新闻宣传、技术开发、交流培训等方面进行定期或不定期的人员交流、学习、研讨、考察等活动，也可以联合邀请国内外有关专家和权威人士举办活动。

联盟成立后，联盟单位之间加强了交流沟通，尤其是文明新闻信息的互通。联盟各单位向日照文明网精推好稿，广推新闻线索。重大新闻内容各联盟单位同时推送，互相借力，共同发展。重大报道日照文明网发声，文明日照公众号、文明传播新媒体联盟同时发声，产生了强大的聚合效应。

坚持内容为王，创造群众喜闻乐见的精品

实践证明，“内容为王”永远不过时。接地气、正能量、与时代同频共振、群众喜闻乐见的题材和内容，是传媒的“根”和“灵魂”。日照文明网及文明日照新媒体的内容要求是：“主流、本土、原创、独家、公益”。

主流就是以社会主流价值观传播为核心，传播正能量、弘扬

真善美为主题，以开设的栏目为阵地，宣传中心工作，好人典型。围绕抗战胜利70周年，开展“寻访”挖掘采风了上百位日照抗战老兵的故事；围绕创建文明城市，开展了“文明就差这一点”专栏。结合创城环境综合整治，开设了“创建全国文明城市专题评论”，点评最新的创城新闻，为创城鼓与呼，得到了文明日照微信用户的高度关注，并被广泛转发，为创城营造了良好的舆论氛围。

本土就是贴近性、身边人、身边事，喜闻乐见。《致敬春节守岗人》《日照整治“红三轮”》等报道广受关注，就是由于新闻的本土性引发的。

原创就是发挥团队优势、智力优势，坚持作品原创。从新闻、评论、图片三个端口入手，坚持原创。2015年，我们组织市诗词学会创作了核心价值观诗词歌赋700余首，组织征集文明创建歌曲100余首，其中，歌曲《老党员》获2015年度国家艺术基金资助。

独家就是挖掘新闻第一原点、卖点，做到人无我有，人有我特。追求首发、第一时间，增强新闻的吸引力，时效性，提高传播效果。《消防小哥，让我们看看你的身影》《伤不起》等都是文明日照的独家新闻。

公益是指做没有商业化的媒体，不做广告，只做公益广告，强化“讲政治、有担当、重情义、求创新”的文明网文化建设。开展的“车行好运，争做日照好司机”活动，引领交通参与者的交通安全意识，法治意识、文明意识，为文明城市增光添彩。

为提高新媒体与读者的黏合度，吸引人气，除了常规的新闻报道外，还需要提高服务功能，不断策划各种活动，将传统媒体的影响力和权威性与新媒体的互动性和亲和力结合起来。

借助活动聚集人气，利用活动服务用户。春节期间策划开展了“挂灯笼传家训”“整治环境美丽家园”等相关活动，引起广泛关注；结合日照文明创建工作，策划了“牵手斑马线”、“车行好运——争做日照好司机”、新媒体爱心募捐等活动，取得优异成果；最近开展的“道德模范评选”投票活动，不仅宣传了道德模范的事迹，也吸引了大量的粉丝，扩大了宣传覆盖面，提高了宣传效果。

启示与思考

1. **文明传播要打破思维定式，实现传统媒体和新媒体融合。**互联网的发展让公众接收信息的模式从报纸、客厅、桌面向“手指间”移动，文明传播工作也需要及时转变思路，多角度、多视野地组织传播活动。日照市打造“一个平台+四个产品”，使文明传播形成了“传统媒体+日照文明网+文明日照微信+文明日照APP”的立体传播格局，做到了对不同空间、不同时间节点的受众进行针对性传播和精准传播，实现了领域全覆盖、受众全覆盖，受到广泛好评。

2. **文明传播必须整合力量、增强互动。**文明传播工作是一项艰巨的长期性、系统性工作，必须有主管部门有力领导，文明单位、行业、村镇的广泛参与，网络文明志愿者的全面引导，广大网民的积极响应，才能达到理想的传播效果。日照市发挥宣传机关的领导、协调作用，成立了文明传播新媒体联盟、组建了网络文明传播志愿者队伍，不仅让文明单位带头参与，更让各部门单位各企业积极发展志愿者队伍参与传播，进一步扩大了文明传播的影响力，让文明传播工作实现了力量翻倍。开展创建活动，一定要让人民群众在参与中形成互动，互为推手、相互分享，在互动中形成共鸣，推动创建活动发展。日照市文明办在文明创建过程中，注重将社会宣传与网络参与融合发展，在全市广大城市、农村社区免费发放了30余万把“文明团扇”，通过鼓励扫描“文明日照”微信客户端、全文背诵核心价值观、志愿服务精神奖励等方式，有效地激发了广大市民参与文明创建的热情，提升了广大市民的文明素质。

3. **文明传播必须以群众为出发点和落脚点**。文明传播工作面向的是社会和群众，传播的内容和方式必须以群众的心理特点、思维方式、欣赏习惯、价值观念为着眼点，以讲故事、讲细节的方法淡化宣传味，用群众所熟悉的、喜闻乐见的形式、风格和方法“投其所好”。日照市文明传播新媒体平台突出内容为王、本地特色的优势，及时掌握群众关心的社会热点，全天候推送、全平台传播、全范围覆盖的目标定位向群众传播。如在创城工作中，我们从市民的角度解读文明交通、集贸市场等创建内容，通俗易懂，深受群众喜欢；在全农村环境综合整治工作中，在微信平台开辟了环境整治“红黑榜”，将整治效果好的村庄和不好村庄上榜公布、上网发布，充分调动了群众的参与热情，形成了村居知耻后勇、前追后赶的浓厚氛围。

莱芜市莱城区积极探索理论“学习+”新模式

引　言

为有效破解学习“疲劳”现象，莱城区委理论学习中心组依据“互联网+”的发展理念，探索出一条“学习+”模式，即由区委干部理论学习委员会办公室牵头，与纪委、组织、宣传、政法、科技、环保、安监、金融等职能部门相结合，按照中心组成员学习意愿灵活安排学习内容，每月确定一个主题，邀请国内、省内知名专家学者讲学授课，变撒网式学习为目标性学习，变“灌输式”学习为“点餐式”学习，以新思路、新形式、新载体、新内容，构建理论高地，为适应新常态、推动经济社会健康协调发展提供智力支持。

探索建立“学习+”新模式

（一）活化学习机制，力求学习方式由随意性向制度性转变。一是坚持带头学习。非学无以广才，非学无以致远。区委理论学习中心组着眼于加强领导班子建设，自觉把学习作为提高领导干部素质的重要平台，主动克服工作忙没空学、经验多不用学、信息广不必学等错误认识，努力学习新思想、了解新知识、掌握新经验，不断提高应对时代发展与社会变革的能力和素质，在日趋激烈的竞争中抢占发展的先机，赢得变革的主动。“学习+”模式，以区委理论学习中心组成员，其他区级领导干部，区直部门单位、各镇（街道）主要负责人为学习主体，每月开展一期讲座，根据每期讲座内容，适当扩大参学范围。二是严肃学习纪律。建立健全学习考勤、学习档案、学习通报、学习经验交流以及学习检查等制度，并确定专人负责。严格要求会场纪律，采取与会人员现场签名、随机点名抽查等方式，实时监控会场秩序情况，要求所有领导干部每期讲座必须亲到、真学、深思。三是延伸学习触角。通过现场与专家学者互动交流、答疑释惑等环节，深化学习效果，并及时将讲座视频制成光盘免费发至全区党委（党组），通过集中观看学习、座谈讨论等方式扩大学习范围和效果，推动各级党组织和党员干部及时学、专题学、深入学，全力把“学习+”铸造成全区领导干部解放思想、提升本领的重要平台。

（二）搭建“一月一讲”载体，力求学习内容由被动式向点餐式转变。一是深入调研，坚持问题导向。区委高度重视每一次中心组理论学习的部署与安排，要求做到精心策划、周密部署、围绕全局、务求实效。在学习内容的安排上，做到从宏观上结合现实需要，突出重点，注意系统性和前瞻性。坚持立足区情，根据新形势、新任务，着重围绕打造首善之区、加快建设富裕文明幸福莱城这一总目标，开展基层调研、分析研讨，找准薄弱环节，解决“瓶颈”问题。在每次开班讲座之前，都会征集中心组成员意见，结合每位成员调研中碰到的问题、疑惑，选择讲座主题，有针对性地邀请专家领导授课，引导中心组成员带着问题听课、思考，结合实际研讨，促使认识不断深化，党性修养不断提高，领导驾驭能力不断改进增强。二是精心选题，确定学习内容。2015年，紧扣时政主题，精选“四个全面”战略布局等中央重大决策专题；紧扣全区中心工作任务，精选了“把握经济新常态、引领经济社会提速发展”“经济转型发展与科技创新驱动”等经济发展专题；紧扣发展中的热点、焦点问题，精选“生态环境保护和建设”“当前国土资源工作新政策、提高土地利用效率和效益”等产业发展专题；紧扣基层党建主题，精选“强化正风肃纪、贵在持之以恒”“提高领导干部法律素质、增强依法执政能力”等法纪专题。通过精心选题，切实增强领导干部把握国家重大方针路线、适应经济社会发展新常态、推动产业振兴升级、遵纪守法依法行政等方面的能力和素质。三是发挥智库作用，注重以学促工。立足于“听国内省内一流讲座”的目标，分期邀请国内、省内知名专家领导前来开班授课，加强与高层次专家学者的沟通联系，力求使广大干部能高层次、全方位、多视角地把握国内外改革发展新趋势，提升发展境界。目前，区里已特聘10名国内、省内知名专家学者组建区级高端智库，建立了提升工作的平台。建立“1 + X”联系机制，即由一名区级领导具体联系一名或几名相关领域的专家学者，结合分工工作及时请教，借助专家学者前沿研究成果，帮助提升全区在转调发展、产业振兴、基层党建等各方面工作的水平和档次。

（三）注重成果转化，力求学习效果由短时性向长效性转变。一是把学习成果转化为凝聚加快发展的思想共识。把解放思想、创新理念作为推动科学发展的先导，推动全区上下树立以思想大解放促进大开放，以大开放促大发展的理念。先后围绕“勇于担当、敢争一流、跨越赶超”“提振精气神、争当排头兵、大区大作为”等不同主题，组织开展大讨论活动，凝聚形成了以“精气神”为核心的莱城精神，树一流目标，干一流工作，创一流业绩，从理念转化为行动，干部由“官”向“员”转变，成了指挥员、战斗员、服务员，凝聚形成想干大事、干成大事的浓厚气氛，推动全区实现大发展、大跨越。二是把学习成果转化为推动加快发展的战略思路。莱城区抢抓省会城市群经济圈和济莱协作区建设的重大决策机遇，牢牢把握"稳中求进、创新发展"这个核心，确立了"打造首善之区、加快建设富裕文明幸福莱城"的总目标，做出了全面打赢大项目提升、招商引资突破、城镇化带动、骨干企业培植、园区建设、镇域经济和财税增收七大攻坚战的部署，集聚资源要素，广借外力，以更宽的视野、更高的标准审视工作、谋划发展，确立了把莱城区打造成为首善之区的战略目标。三是把学习成果转化为促进改革发展稳定的政策措施。在"学习+"模式的引领下，全区党员干部提振精神，乘势而进，结合全区实际和各重点产业发展现状、阶段特征，全力实施新能源与节能环保、生物与医药等十二大产业振兴提升规划。全区设立12个产业推进工作组，主要从编制产业发展指导意见、培育壮大龙头企业、提升园区承载能力、强化项目支撑、推进产业招商、强化创新能力建设、组建产业联盟等7个方面加快推进产业提升振兴。产业振兴提升工作实行季分析、半年观摩的形式，促进产业加快发展，在全区培育形成龙头企业带动作用明显，产业链条完整、布局优化、竞争力强的十二大产业集群，筑牢支撑全区经济社会发展的桩基。

"学习+"模式有效破解困扰

（一）有效破解了学习不如工作重要的思想困扰。过去学习，往往以工作忙为由，学习时间不能保证。"学习+"模式的实行，让中心组成员带着问题听课学习、交流思考，用理论武器精准地消灭实际工作中遇到的难题，有据有力有效，增强了学习本身的吸引力，使中心组成员再次感悟了"磨刀不误砍柴工"的浅显道理，树立起只有用正确的理论武装头脑，才能避免导致拍板决策的盲目性，才能科学地指导地方经济社会协调健康发展。

（二）有效破解了学习内容单一零碎的取向困扰。“学习+”模式，十几个职能部门参与学习内容确定，各参与部门立足部门职能，本着“在莱城听课，听国内一流课”的目标，力求邀请本领域内一流知名专家，针对问题，进行现场辅导、权威解读，学习范围广泛，并且随着新问题的发现，可以随时添加“学习+”成员单位，丰富学习内容，让学习时刻保持相对整体性、系统性、连续性和指导性。

（三）有效破解了学习交流内循环的不畅困扰。我们所处的时代是个日新月异的时代，信息量大，知识更新速度快。国家政策法规、某些专业知识要学深学透、领会到位，单靠一个部门的力量是非常受限的。“学习+”模式，打破部门壁垒，建立起上下级之间、同级部门单位之间互联互通的优质资源通道，加大信息的传递、交换、使用的力度，实现学习资源的互有与共享。

（四）有效破解了学习敷衍应付的松散困扰。“学习+”模式，主要领导同志身体力行率先示范，抓好中心学习的每一个环节，用制度、机制，用铁的严明的纪律，来加以约束、规范，从而以此来保证理论学习中心组学习不流形式，落到实处，从而最大限度地发挥其积极的功能与作用。

（五）有效破解了学习难以致用的脱节困扰。学习的目的在于学以致用，在于更好地指导工作。学习是一个长期的过程，需要的是日积月累。“学习+”模式，十几个职能部门，十几个不同的工作侧面，都从最具说服力的角度讲授，都从最精华的部分讲授，都从最具权威的高度讲授，答疑释惑，交流共鸣。

“学习+”带来的新变化

（一）中心组成员学习的主动性更高了。坚持问题导向的

“学习+”模式，每次开班授课前，都事先征求成员问题意见，邀请来的专家、领导都是相关领域解答相关问题的权威，每次授课对中心组成员来说，都变成了突破问题瓶颈的期待。授课时间相对固定下来之后，学啥专题，中心组成员心中有数，及早做好个人自学和交流准备，从而增强了中心组成员理论学习的自觉性。

（二）中心组理论学习的时效性更强了。“四个全面”蕴含了习近平总书记深刻的战略思想，是国家新的宏大的战略布局，是我们党治国理政方略与时俱进的新创造、马克思主义与中国实践相结合的新飞跃。“四个全面”战略布局的提出背景、战略思想、理论内涵、内在逻辑分别是什么？有哪些重大战略意义？中心组成员迫切期盼了解。2015 年 3 月 13 日，区委中心组邀请到了省委党校党史教研部专家前来作专题辅导，全区 500 余名领导干部认真聆听了讲座，对深刻领会和认真把握“四个全面”战略构想的重大意图和精神实质发挥了重要作用。

（三）中心组理论学习的针对性更强了。2015 年是“5·12”汶川大地震七周年，为进一步宣传防震减灾法规，提高广大干部群众的防震减灾的意识和能力，加强我区防震减灾工作，区委中心组邀请到了山东省地震局局长作防震减灾专题辅导报告，从理论角度认真分析讲解了当前莱城区的地震形势，对莱城区今后如何做好地震防御和应急工作提出了很高的期望和要求，提高了全区未雨绸缪的防震减灾意识，在全区共同营造起防震减灾的浓厚氛围。

（四）中心组理论学习的前瞻性更强了。理论学习的目的在于提高领导干部的战略思维能力和执政水平。“学习+”模式实行以来，每月邀请一位专家领导授课，一次讲课就是一次权威辅导，涉及方方面面的知识，中心组成员都把辅导讲课当作一件大任务，认真做好调查研究，并以科学理论为指导，针对分管领域，提出具有前瞻性的战略举措和办法，使中心组成员学习既收获，又解渴，进一步拓宽了中心组成员的视野。

启示与思考

莱城区委理论学习中心组的“学习+”模式，以开放式的思维、灵活式的方式，把中心组学习打造成为学以致用、用以促学、学用相长的重要实践平台，有效地提升了学习的针对性、指导性和实效性，为新时期开展理论中心组学习活动提供了有益启示。

1. **要坚持创新载体学，着力提升学习的吸引力**。创新是各项事业永续发展的源泉，也是提高各级党委（党组）中心组学习吸引力和实效性的关键所在。面对学习中碰到的新形势、新问题，必须善于用创新的理念去解决，拓展学习载体，丰富学习内容和形式，才能为加强和改进中心组学习不断注入新的活力和动力，取得实实在在的成效。莱城区“学习+”模式，从内容形式、方法手段等方面大胆创新，改变了过去那种教条式、填鸭式的学习方法，学习活动更加生动活泼、更加易于接受，有效激发了党员干部参与学习的主动性和积极性。

2. **要坚持联系实际学，着力增强学习的生命力**。理论联系实际是马克思主义学风的根本，是领导干部正确对待学习唯一正确而科学的态度，也是让看似枯燥的学习活动焕发出无限生命力的有效手段。在向书本学习的同时，要主动自觉地深入基层一线学习，在基层实践的风浪和考验中转变学风、砥砺品行。莱城区“学习+”模式，要求区委常委每年到基层调研并亲自动手撰写调研报告，逐渐形成了“中心组成员用理论联系实践，将实践中遇到的问题和困惑反馈到中心组，中心组将问题归类邀请专家授课，直至问题和困惑逐项解决”的良性循环，不失为可学习借鉴的好经验。

3. 要坚持带着问题学，着力体现学习的感召力。学习的目的在于指导实践推动发展，抓住学用结合，才能在促进学习成果转化上见到实效。中心组学习过程中，必须立足实际，突出问题导向，坚持把学习与解决重大实践问题联系起来，努力把学习成果转化为谋划工作的思路、解决问题的本领和改进工作的措施，以良好的学习成效推动经济社会又好又快发展。莱城区“学习+”模式，真正做到了学习与实践的有机结合，中心组成员结合工作实际，将学习成果转化为解放思想、改革创新的具体举措，攻克了一个个瓶颈难题，加快了本区经济社会的发展。

经典吟诵进校园推动未成年人思想道德建设

引　言

2013年12月以来，莱芜市按照中宣部、中央文明办部署要求，把优秀传统文化“经典”与“吟诵”传统诵读方式有机结合，创造性地开展了“中华经典吟诵进校园”活动，在广大中小学校开设吟诵课，引导青少年学生吟诵经典，陶冶情操，养成美德。截至2015年11月，全市共有190所中小学开设了吟诵课，覆盖面达到96.9%；101950余名中小学生学会了吟诵，覆盖面达到67.9%，实现了“即使在最偏僻的一所山区小学也要开设起吟诵课”的目标，“经典吟诵”这一教育新模式在嬴牟大地迅速普及，既活跃了校园文化，更增强了学生道德修养，成为未成年人思想道德建设和培育践行社会主义核心价值观的重要载体。

背景起因

近年来，莱芜市把未成年人道德建设作为事关全局、事关国家未来的重要任务，牢牢抓在手上，取得了显著的效果。莱芜市

2005 年被评为山东省创建文明城市工作先进城市，2008 年被评为全国创建文明城市工作先进城市、省级文明城市，2011 年被评为山东省首批未成年人思想道德建设工作先进城市，并巩固了 2008 年以来的文明城市创建成果。连续几年的城市文明程度指数和未成年人思想道德建设工作测评也走在了全国的前列，每年都在中央文明委表彰的名单之中。

实践中发现，当今未成年人对西方的文化（诸如西式快餐、西方节庆等）接受较快，而中华民族几千年来的优秀传统文化，大有被西方文化排挤之势。这期间，我们也加强了中小学生的思想品德教育、传统文化教育，但效果都不是很理想。2013 年底，莱芜市文明办、市教育局、团市委、少工委联合出台了《关于深入开展“中华经典吟诵进校园”活动的实施意见》，明确了“中华经典吟诵进校园”活动的指导思想、实施原则、实施途径、实施步骤和工作要求，从经典吟诵课程体系建设、师资队伍培育、比赛和道德实践活动开展等方面提出了具体要求，推动吟诵进校园活动轰轰烈烈地开展起来。

具体做法

吟诵虽然是国家级非物质文化遗产，但是如今这种读书的方式已经渐渐地被人们遗忘了，知道吟诵的很少，听过吟诵的更少，会吟诵的则少之又少。推动吟诵进中小学校本课程，如果没有坚强有力、扎实有效的推进措施，很难保证工作进展和目标实现。莱芜市从师资培训、分类指导入手，坚持不懈地抓，不遗余力地推，使吟诵进校园活动迅速启动并在短期内全面开花。

1. 纳入常规教学课程。把政府主导作为推进活动的重要手段。一是从顶层设计入手，各级教育主管部门把中华经典吟诵纳入中小学教学课程之中，要求每班每周从地方课程中至少落实 1

节吟诵课，作为必设课程。二是从课堂设计入手，组织吟诵专家和教学骨干，研究设计了“吟诵开启课”“方法迁移课”“成果展示课”三种课型，让吟诵教学有基本流程、有评价标准。三是从吟诵教材入手，根据中小学生的各自特点，推荐了《我爱吟诵》《三字经》《弟子规》等7个吟诵样本教材，并鼓励各级各类学校自编符合学校实际、具有本校特色的吟诵教材100多套，覆盖面达到42.35%，这些吟诵教材好学易懂，贴近生活，富含哲理，有力地调动了学生学习吟诵的积极性。

2. *分层分类因人施教*。针对不同阶段学生特点有区别地开展活动。对高中生，着眼于树立学生科学的人生观、价值观、世界观，重点在高一年级开展，以“晨诵、午读、暮省”为载体，每天晨读吟诵一篇国学经典文段，语文课堂上用吟诵方式诵读文言文，三餐期间利用校园广播播送名家录音，晚自习定点倾听国学讲座、观看国学影视作品，通过细节渗透达到育人树人目的。莱芜五中采取师生共写暮省的方式，让传统文化精华在学生心灵深处生根发芽。对初中生，着眼于提升学生吟诵水平，开发学生赏析、创作能力，重点在初一至初三年级开展，以“每周一诗文、每日一吟诵”为载体，每周吟诵一首诗或者一篇古文，以班级为单位，每天集体吟诵至少一次。58.6%的学校成立了学生吟诵社团，把兴趣较高的学生纳入，引导学生进行简单的赏析和创作。高新区实验学校成立六个学生吟诵社团，每个社团配备2至3名语文教师，每周三下午坚持开展活动，提高了学生吟诵水平。对小学生，着眼于指导学生正确运用语言文学，培育学生吟诵兴趣与习惯，在小学所有年级全面展开，主要发挥“熏陶”和“感悟”作用，不求程度整齐划一，只求朗朗上口，熟读成诵，耳熟能详，引导学生从易到难，从少到多，循序渐进，形成习惯。莱芜北部山区最偏僻的张家台小学，采取听、看、吟、讲、赛5条途径，让吟诵成为广大小学生的习惯。

3. 广泛搭建活动平台。采取多种形式搭建青少年学生乐于便于参与的吟诵平台。一是层层举办经典吟诵比赛。市里连续三年举办青少年经典吟诵大赛，层层选拔比赛，每年参与人数都达到20万人次，学生参与面达到60%。各级和广大中小学校也经常组织吟诵比赛、展演等活动，为学生参与吟诵提供了广阔舞台。市实验小学每节语文课前开展“精彩两分钟”吟诵展演，每年6月开展“吟诵擂台赛”，激发了广大师生的吟诵热情。二是精心组织主题实践活动。抓住清明、端午、中秋、重阳、春节、元宵等传统节日以及“五四”“六一”“七一”“八一”“十一”等重要节庆纪念日，集中开展经典吟诵道德实践活动，让学生在参与中规范言行、修养身心，提升文化底蕴，养成儒雅之风。陈毅中学每年5月27日校庆都举办经典吟诵大展演活动，让师生诵读经典的艺术氛围中感受传统文化的魅力。三是学校家庭社会联合互动。充分挖掘家庭和社会教育资源，通过家长开放日、家长会等方式，积极开展亲子吟诵活动，让家长与孩子们一起感受传统文化魅力，实现家长与孩子同成长共进步。高新区鹏泉街道官场社区举办社区百姓春节大典，社区青少年与成年人着盛装、诵经典、习礼仪、庆新春，共同感受优秀传统文化的魅力。

4. 打造一流教研团队。把吟诵师资队伍建设摆上重要位置。一是全员培训语文教师。采取请进来教、走出去学、集中研讨、帮扶教学等方式，对全市所有语文教师进行培训，并把吟诵培训列入教师继续教育的内容，完成每年培训者计5分，调动了老师参与培训积极性。市里连续三年邀请吟诵专家举办吟诵培训班，2015年5月份全市1392名语文教师参加了为期两天的吟诵教学法专题培训班，参加面高达100%。目前，全市95%的语文教师掌握了吟诵教学法，为吟诵活动的深入开展奠定了坚实的基础。二是实行“吟诵学校联盟制”。全市220余所中小学以镇（街道）为单位，组建成15个吟诵教学联盟，师资队伍共用，资源信息共享，在学校捆绑发展的同时实现吟诵教学水平的均衡化提高。三是开展“1+N”培训活动。引导200名吟诵教学骨干，在吟诵学校联盟内部，与吟诵教学相对薄弱学校的语文教师结成对子，一个骨干“结对帮扶”6名语文教师，通过“送课进学校”、吟诵研讨会、共建吟诵社团等形式，展演课堂展示活动，培训本校优秀教师。

5. 健全完善推进机制。一是健全领导协调机制。市、区、镇三级都成立了文明办、教育局、团委等部门参加的协调领导小组及办公室，各中小学也成立了相应领导小组和工作机构，保证有人管、有人落实。并成立了中华吟诵学会莱芜分会，搭建了自我管理、自我发展的平台。二是健全激励约束机制。市里制定“中华经典吟诵进校园”活动评价细则，把开展经典吟诵情况作为考核学校的一项重要指标，对1年内开设经典吟诵课的学校给予年底考核加分，2年内未开设经典吟诵课的学校取消评先树优资格，3年内未开设经典诵读课的学校进行通报批评。市文明委每年评选表彰一批中华经典吟诵进校园活动示范学校和先进个人，调动了各方积极性。三是健全舆论引导机制。莱芜日报、莱芜电台和莱芜电视台等新闻媒体和莱芜新闻网、莱芜传媒网和莱芜文明网等重点网站都常年开设“中华经典吟诵进校园”专题、专栏，先后刊发新闻报道3万余条、活动视频1200多次、活动图片8200多张，营造了浓厚的舆论氛围。

取得成效

目前，中华经典吟诵之风在莱芜大地已蔚然形成，社会各界、广大师生无不叫好。

1. 弘扬了中华优秀传统文化。百年之前的吟诵传统又回归校园，校校有吟诵，周周搞活动，人人唱经典，越来越多的孩子不再只知道肯德基、麦当劳，他们的文化血脉中逐渐浸透了中华优秀传统文化基因，成为优秀传统文化的继承者和传播者。

2. 提高了青少年素质。吟诵已成为青少年学生学习生活中不可或缺的一部分，他们吟诵经典，陶冶情操，养成美德，吟诵兴趣与综合素质同步提高。山东省举办“国学小名士”经典诵读大赛时，莱芜中小学生收视率达到95%以上。

3. 提升了校园文化品位。各中小学校都以“中华经典吟诵进校园活动”为契机，构建了以“诵读国学经典”为主，以“传统书法绘画”为辅的国学教育体系，形成了一校一品、百花齐放的大好局面，活跃了校园文化，彰显了学校特色，校园品位明显提升。

4. 打造了工作品牌。中华经典吟诵进校园活动已成为莱芜未成年人思想道德建设、培育践行社会主义核心价值观的重要载体和工作品牌。5 月 12 日，中宣部领导对莱芜做法作出专门批示，3 月 16 日，中宣部《学习与思考》刊物专题介绍了莱芜经验做法，中国文明网、新华网等重要网站相继进行了专题报道。

启示与思考

1. 吟诵进校园要在弘扬中华优秀传统文化上下功夫。吟诵的经典是中国优秀传统文化的精髓之一，自先秦开始，口传心授、代代相传，直到一百年前，所有的中国读书人还都是靠吟诵来学习创作的。在目前大部分学生对传统方式兴趣不足、传承不够的现实下，把吟诵与优秀传统文化结合起来，引导学生从吟诵富含人生哲理的中华优秀经典入手，从易到难、循序渐近，既能激发学生的参与兴趣，也能取得家长和社会的支持，特别是能让学生在潜移默化中受到社会主义核心价值观教育，推动起来事半功倍。

2. **吟诵进校园要在进入校本课程上下功夫。**课程是教育教学的关键，“中华经典吟诵进校园”活动要想取得实实在在的效果，就必须实现课程化，通过强有力的教学课程管理来落实。不光教育主管部门要总体考虑，各学校也需要充分发挥主观能动性，自主开发吟诵校本课程，课程要以有效为原则来进行选择。一方面加强学科教学的渗透，在语文、历史、德育类课程教学中都可以不同程度融入吟诵内容。另一方面要保证课时，坚持“每周一诗文、每日一吟诵”，同时充分利用学校宣传栏、班级黑板报、校园广播、校报、校园网等宣传阵地，刊发吟诵篇目，播送名家吟诵录音，让学生时时处处接受经典熏陶。

3. **吟诵进校园要在师资培训上下功夫。**吟诵能否搞好，教师是关键，必须要加强吟诵骨干教师的培养培训，采取听专家讲座、外出学习、观摩交流、优质课评比等形式，提升教师的业务素质和育人能力。要发挥团队作用，组织各个学校的教师聚在一起集中研讨、集中学习、集中备课，为全面推进经典吟诵进校园储备人才。要通过评选优质课、优秀教师、优秀科研成果和优秀试点单位，鼓励教师开展课堂教学研究和吟诵活动实践研究，注重理论与实践相结合，创造性开展吟诵活动，在深入实践中培养出吟诵功底深厚的教师。

郯城微联盟：运用“微杠杆”促进政务“微宣传”

引 言

郯城县，位于山东最南部，地处鲁苏交界，长期以来，这方土地上生活的人们既深受齐鲁文化的熏陶，又兼有吴越文化的浸润，思维活跃，聪慧机敏，政治参与热情较高。微博、微信等微媒体问世以来，受到郯城县广大群众的广泛认可，各种微媒体平台如同雨后春笋在郯城县纷纷破土而出。2015 年 8 月 5 日，郯城县以县委、县政府官方政务微博“郯城发布”、政务微信“指尖上的郯城”和新华社党政客户端“掌上郯城”为主导，通过邀请和商榷，与郯城县内 40 余个公众平台账号商定成立了“郯城微联盟”。“微联盟”以分享运营经验，共享精彩内容，传递真实信息为目的，实现了县内微媒体的合作共赢，推动了郯城县移动微媒体事业的健康有序发展，特别是在政务“微宣传”方面产了良好的杠杆效应，取得了事半功倍的效果。

源起：“郯城微联盟”成立正当其时

近年来，随着互联网的不断发展和智能手机的普及，微博、微信、客户端等移动微媒体平台快速发展，各类新鲜资讯、趣闻轶事、心灵鸡汤等文章在朋友圈传播，通过朋友圈“涨姿势”、“要点赞”，也成为微媒体用户的惯用方式和途径。只要用手机随便搜索一下，便可以发现各类政务类、生活类、商家店铺类等微媒体平台账号悄然出现并快速发展，以微博、微信、客户端为代表的移动新社交媒介，正逐渐成为网民参与社会管理的重要应用，并对社会舆论格局产生新的强大影响。面对各种网络信息鱼龙混杂的局面，官方政务微媒体平台受自身条件限制，“粉丝”数量有限，即使运用行政力量强行推广，也可能导致大量“僵尸粉”存在，政务微媒信息传播很容易被淹没在各种信息交汇的“汪洋大海”之中。鉴于此，“郯城微联盟”顺应信息时代的潮流破土生芽、发展壮大，进一步强化了县内微媒体平台的管理和运用，并且以“微联盟”为杠杆，有效放大了官方声音，正确引导了社会舆论。

运作：“郯城微联盟”集结移动微媒体正能量

*一是做好联盟定位。*由郯城县官方牵头成立微联盟，主要目的是为了加强县内各类微媒体平台的有效管理，促进微媒体之间的交流与合作，凝聚全县微媒体共识，勇担社会责任，引导社会舆论，提高党委政府掌控焦点内容话语权的能力，营造理性健康有序的舆论氛围，服务郯城经济社会发展。因此，郯城县在微联盟章程里给予郯城微联盟的定位，就是一个集信息发布、正面宣传、舆论引导、便民服务、情感互动于一体的特色服务平台。联盟章程明确要求，各联盟成员都要紧扣时代脉搏，聚焦社会现实，严格遵守国家各项法律法规和互联网相关规定，坚守网络空间“七条底线”，规范自身建设与管理，坚持传播真实性、客观性、公益性的社会正能量，坚决杜绝虚假内容、侵权内容和虚假

广告，自觉抵制网络低俗之风，努力建设法治文明健康有序的清朗移动网络家园。

二是增强传播效果。从绝大多数微媒体用户来看，作为一个可以随身携带的“移动生活工具”，微媒体的“本地化、个性化”角色也更为彰显。在此背景下，移动微媒体要想在海量的信息中抓住粉丝的眼球，就必须认真研究本地人群的需求、特性和关注点，坚持质量至上，切实增强信息的吸引力和视觉冲击力。“郯城微联盟”特别看重这一点，要求所有联盟成员严把推送信息质量关口，绝不粗制滥造，确保每条信息都经过筛选再发出，并且最好采用“图文”形式增强美感，保证每条信息都有价值、有吸引力。例如，郯城县委县政府官方微信、客户端等微政务平台将强化信息内容的“实用性”与“政务资讯”并重，在积极发布政务信息的同时，丰富栏目设置，开通了天气预报、影院在线、公交客运查询等便民栏目，居民可以随时随地清楚获知政务发布信息、了解民生服务内容、参加评选投票活动，还可以找景点、搜美食，实现了足不出户即可得到自己想要的各类信息和服务；县交警队政务微信“小朱说交通”致力于打造郯城县掌上交警队，开通了查违章、查记分、买车票等固定品牌栏目，深受粉丝喜爱。

三是强化成员合作。移动微媒体特别是微信都有自己的圈子，更偏向封闭式交流沟通，在内容展示上和报纸、电视等开放性的传统媒体相比并无优势。各微媒体平台参加联盟的目的，就是想借助联盟的力量，加快自身平台发展，扩大粉丝数量。“微联盟”要想建好并持续壮大，就必须增强对各个微媒体平台的吸引力，让联盟成员切身感受到加入联盟给自身平台建设带来的帮助和促进作用。对此，“郯城微联盟”积极倡导成员之间的业务合作与资源共享，推动互联共通，着力打造联合发布平台，实行重大新闻、重大活动联动机制，并定期不定期举办座谈会、研讨会、经验交流会等活动，在新闻宣传、技术开发、市场运营等方面进行学习交流，有力地推动了各微联盟成员的共同发展。

效果："郯城微联盟"的杠杆效应

一是有助于抢占舆论阵地。互联网信息技术的飞速发展，更新甚至颠覆了传统意义上信息的传播模式，分散化、自我化、多渠道传播成为一大趋势，人人都有"麦克风"成为"微时代"的新常态。"郯城微联盟"成立以前，郯城县委、县政府虽然建立了官方政务微博"郯城发布"、政务微信"指尖上的郯城"和新华社党政客户端"掌上郯城"，但县委、县政府的政务信息发布常常面临移动互联网趋势下自媒体环境的冲击。如何拓展政务信息传播空间和渠道，实现从传统单一微政务平台为主向立体化多功能微媒体平台转型，促进政务微信息不断外延，进一步提高政务宣传的效力和效果，是郯城县委、县政府面临的时代考验。成立"郯城微联盟"以后，完成了自媒体时代全方位微媒体平台战略布局，进一步拓展了网络问政和施政的深度与广度，使获取社情民意的途径更加多样，传播党委政府信息的渠道更加畅通，既站稳了舆论阵地，也提高了党委政府威信。

二是有助于扩大舆论影响。自2013年郯城县委、县政府相继开通政务微博、微信、客户端以来，"粉丝"数量始终增长不快，一段时间以后甚至进入了瓶颈期，几个月内少见"粉丝"增长。成立"郯城县微联盟"后，充分发挥微联盟的集群力量，加强县内微媒体平台的协调管理，推进微媒体平台之间的交流合作，实现了各类微媒体平台人际关系圈互通，并由此相互链接形成无数个密集分布的圈子网络。县委、县政府微政务平台借助联盟优势，成为用户最为重要的"可移动的权威信息中心"、"方便快捷的政务服务中心"，政务微媒体账号的黏性不断增强，提高了吸引力和综合影响力，点击量、点赞量和“粉丝”人数迅猛发展，并持续保持快速增长。目前政务微信“指尖上的郯城”已拥有关注量近万人、政务微博“郯城发布”拥有粉丝1200多个、手机客户端“掌上郯城”拥有用户9800多个，成为全县发布权威信息、回应民众关切、引导网络舆论的重要宣传工具。

三是有助于推进政民互动。由于微媒体平台可以发送语音、文字、表情、图片、视频、地理位置等各种信息，即时通信快捷方便，表现形式灵活多样，深受人们的喜爱。据统计，电视、报纸等传统媒体，每发1条新闻真正能看到的人仅在30%左右，但微信却明显不同，就算你只有1000个粉丝，由于是点对点的传播，也可以保证发布的消息至少有900以上的人会看。特别是通过“微联盟”联合发布以后，实际传播呈几何级数增长，能够更快放大党委政府正面真实的声音。2015年上半年，郯城县孩子被抢、被拐卖、器官被掏空的谣言疯狂传播，并持续发酵，一时间当地人心惶惶，很多家长信以为真，不敢离开孩子半步，给全县治安工作带来严重影响。郯城警方迅速展开调查，对两名谣言传播者实行治安拘留。县委县政府通过“微联盟”对这一信息在多个公众号同时进行发布，迅速平息了谣言，很多家长悬着的心终于落地，全县又恢复了安乐祥和的常态。

四是有助于加强舆情处置。突发事件往往最能考验党委政府的处置能力，特别是在人人都有“麦克风”的自媒体时代，各种正确信息、错误信息都在借助现代科技手段迅速传播，公众常常难辨真伪。这种情况下，基于“优先相信身边人和熟人”的人性特点，突发事件相关信息在熟人圈子之间传播比在公共平台更快，观点整合时间更短，会加速“态度同步”过渡到“行为协同”，从而直接作用于现实行为。反过来也一样，通过微联盟发布的政务信息，哪怕只是抵达某个圈子的某名成员，但通过该成员二次转播，形成裂变式传播效应，同样具有快速阻止不实信息传播与不良情绪蔓延的正导向功能，为党委政府处置突发舆情事件赢得关键时间。2015 年，郯城县交警撞学生案件和县城闹市区金店遭抢劫案件发生后，全县众说纷纭、谣言四起，严重干扰了正常的案件处置，并对县委、县政府形象造成了不良影响。郯城县迅速启动应急舆情应对措施，通过微联盟及时发布真实准确的信息，正确引导社会舆论，迅速扭转了被动局面，公众舆论逐渐趋向理性，事件处置得以朝正常方向发展，最终没有造成大的舆情事件。

启示与思考

移动微媒体打开了人类生活的“新视窗”，也带来了社会管理的新课题。一条微信、一段微视频、一句流行语，都是微动力，都可能成为引发风暴的蝴蝶翅膀。“郯城微联盟”的建立和成功运行提供了有益的探索。

必须创新观念看待微媒体。移动微媒体是信息技术发展的必然产物，承载着现实民意，关联着现实民生，影响着现实生活，是推动发展、促进和谐的现实力量。如果还坚守单向发声、自说自话的传统宣传模式和固化思维，不能正确认识微媒体信息传播的鲜明特点，对微媒体拒绝甚至害怕，或者希望沿用以前处理网络舆情的僵硬方式，幻想通过删与堵来平息“众声喧哗”，必将越来越难，甚至会激起民意反弹，由小事情酿成大舆情。

必须创新手段管理微媒体。对于各类微媒体平台，郯城县采用微联盟的方式，依靠联盟自身的吸引力，吹响了县内微媒体平台的集结号，成功地把分散的微媒体平台统一组织起来，纳入有效管理，防止了微媒体普遍存在的乱象，使其成为传播党委政府声音的强大平台。实践证明，只要把握“微时代”的特点，遵循“微传播”规律，创新并用好“微手段”，就能撬动“微时代”的舆论场，牢牢掌握宣传工作的主动权和话语权。

必须创新机制利用微媒体。做好“微时代”的宣传工作，关键就看能否创新机制用好微媒体。郯城微联盟打通了党委政府微政务平台与社会微媒体平台之间的壁垒，与百姓之间的“人际网络”实现互联互通，可以点对点地精准推送宣传内容，平民视角更加突出，生活色彩更加浓郁，提高了正面宣传的实效性和受众满意度，有力促进了热点问题引导和突发事件处置。实践证明，只要利用得法，微媒体也能合奏正能量的“交响曲”，成为加强和创新社会管理的积极力量。

社区“快乐驿站”：志愿服务制度化的写照

引　言

近年来，临沂市把推进志愿服务制度化建设作为深化文明创建工作的一件大事来抓，把社区作为重点和切入点，着眼于壮大社区志愿服务队伍、常态长效开展志愿服务活动，积极整合民间志愿服务资源，开展了“全民公益行动，志愿服务社区行”系列活动。与沂蒙义工联合会携手合作，在社区组织举办“邻里情·一家亲”公益演出，大力推进“快乐驿站”建设，取得了良好效果，实现了资源共享、优势互补，受到了广大社区居民的欢迎。借助“快乐驿站”，定期组织开展丰富多彩、扎实有效的活动，为社区推进“邻里守望”志愿服务工作引进了“活水”，增添了动力，走出了一条志愿服务制度化建设的新路子。

志愿服务何处寻

后园社区居民老张退休在家，平常儿女都不在身边，自己一个人，清闲的同时，也觉得有些落寞。老张走在大街上，有时会看到“学习雷锋奉献他人提升自己”“志愿服务人人参与文明城市家家受益”等类似的标语，心里想：我喜欢唱歌，可是不懂得识谱，也不懂什么技巧，是不是有这方面的志愿者呢？还有，这两天过去的老电视机坏了，自己也搬不动，有没有志愿者帮忙修理下呢？老张遇到的事儿，表面上看很正常，其实折射出当前志愿服务存在的一个问题，那就是：当有人需要志愿服务的时候，志愿服务在哪里呢？

经过多年的倡导和实践，志愿服务开始走向稳定和成熟，但也暴露出一些不足。概括起来，主要表现在以下几个方面：一是参与面不广。志愿服务事业是全社会的事业，需要全社会的积极参与与支持。目前志愿服务存在的一个突出问题就是志愿组织的社会动员能力不强，志愿服务的参与渠道狭窄，参与管道单一，社会参与面不广。很多人只有在单位组织时才参加志愿活动，少数人只有在特殊时间或节日参加，有的人一年只参加一次志愿活动，有的人甚至从来没参加过志愿活动。二是队伍不稳定。志愿活动多以大型体育赛事和各种特定活动为多，如龙舟赛、助残日、预防艾滋病日、学雷锋活动日、国际志愿者日等，这种短期化、运动化式的志愿服务活动，一方面使志愿服务活动缺乏延续性，另一方面也容易导致志愿服务人员的短视行为与心理。同时，志愿者以青年学生和退休人员居多，专职志愿者相对较少，在一定程度上导致志愿人员职业精神的缺乏和专业能力的不足，从而影响志愿服务的效果和质量。三是权益难保障。由于多方主体的法律关系、权利义务、责任承担等问题没有形成统一完善的制度，从而导致志愿服务具有很大的盲目性、随意性和无序性，志愿者的合法权益得不到有效保障，志愿行动难以得到社会的广泛认可。同时，相关伦理规范与行为守则的缺失，容易导致志愿者行为的失控和伦理道德的失范，容易引发志愿者和服务对象之间不必要的误解与冲突，容易导致相互间的不信任，从而影响志愿组织的公信力和志愿者的社会形象。四是活动行政化。政府主导和行政推动是当前志愿服务活动的一个重要特征。这虽然有利于推动社会公益事业，但行政主导的志愿活动容易受体制和行政权力的干扰和影响，容易感染并滋生一定的“官僚主义”，影响志愿服务工作的效率。同时，也容易使人产生被动参与的心理，使志愿者在心理上对志愿服务活动产生抵触情绪和较低的评价，影响志愿者的服务热情和积极性。

志愿服务何处寻？如何克服存在的不足，实现志愿服务的常态化、社会化、制度化发展，让群众时时感受到志愿服务的温暖？这成为推进基层志愿服务工作亟待解决的现实问题。临沂市兰山区在实践中认识到：社区作为社会的细胞，抓好社区志愿服务平台建设是推动志愿服务制度化建设的基础。有鉴于此，“快乐驿站”应运而生。

志愿服务到身边

“听说晚上有个文艺演出，舞台都在小区广场上搭好了！”一天下午，后园馨园小区的张大妈高兴地跟自己的儿媳妇说。

原来，这是临沂市兰山区联合沂蒙义工共同举办的一台文艺晚会——“邻里情·一家亲”暨沂蒙义工联合会后园社区服务中心“快乐驿站”成立公益演出。晚上六点半，馨园小区文化广场上人头攒动、热闹非凡，演出准时开始。舞蹈《红旗飘飘》《欢聚一堂》，歌曲《和谐圆舞曲》《母亲》等引来大家热烈的掌声，很多人被感动得流下了热泪。值得一提的是，演出人员都来自志愿者，包括社区的老年朋友们。演出现场还请出了馨园小区的张振福老人，当场发放了志愿者筹集的慰问金。

为了解决志愿服务队伍弱、活动少、不长效等难题，临沂市积极探索，整合民间志愿服务资源，与沂蒙义工联合会举办“邻里情·一家亲”公益演出，建设“快乐驿站”，为志愿服务常态化开展开辟了一个重要阵地。通过公益演出的形式，宣传志愿服务理念，号召广大社区居民加入志愿者行列，为“邻里守望”志愿服务活动贡献力量。富有爱心的人士可以在演出现场填表，申请加入沂蒙义工联合会，也可以到社区进行注册登记，成为一名光荣的志愿者。

在馨园小区院内，兰山区专门为沂蒙义工提供了一间20多平方米的房子，添置了彩电、电脑、音响、棋牌、桌椅等基本器材，为常态化开展志愿服务活动夯实了基础。

“以后啊，志愿服务就到我们身边了！”看过精彩纷呈、感人至深的演出后，后园社区的居民们由衷感叹，特别是那些老年人，兴奋之情溢于言表。

志愿服务在行动

“快乐驿站”，顾名思义，就是给大家带来快乐的地方，也是社区开展志愿服务、公益活动的一个根据地。目前，“快乐驿站”主要开展三类常态化的公益活动。

第一类公益活动是设立社区信息站，登记社区空巢老人、留守儿童、残疾人的信息，由义工志愿者及时走访核实，与需要帮扶的家庭结对子，以多对一的形式常态化帮扶。得知后园社区张振福老人家庭生活困难后，沂蒙义工主动与老人结成对子，为其提供力所能及的帮助。

第二类公益活动是以“快乐驿站”为阵地，定期组织社区老人开展文艺活动，让老人在这里分享欢乐，丰富文化生活，找到精神寄托。邀请临沂大学音乐系学生，每周六教老人唱歌、识谱等；除周六外，在社区老人中推选一名对音乐知识了解多、唱歌水平高的，带领大家定期组织开展唱歌活动；每月举办一次社区老年人歌友会，义工志愿者参与组织，以歌会友，增强邻里互动、互助。

第三类公益活动是以社区有技能的志愿者义工为主，每周日以“快乐驿站”为中心，开展邻里互助活动，包括体检、理发、家电维修、法律咨询、饮食科普、心理辅导等。同时设立爱心角，接受社区居民捐献的旧衣物以及家庭闲置物品，能使用的由志愿者直接捐给农村贫困家庭，不能使用的进行义卖，筹集的善款以社区的名义捐资助学等。

赠人玫瑰，手有余香。“快乐驿站”正在社区生根开花，为广大居民提供服务、传递温暖、带去快乐。目前，已在兰山区后园社区、曹王庄社区、宋王庄社区等建成10处规范化的“快乐驿站”，全市其他城市社区正在积极推进中。

志愿服务暖民心

通过探索建设“快乐驿站”，为社区志愿服务活动常态开展开辟了新通道，给志愿服务制度化建设工作带来了新气象。

借势用力，队伍壮大了。没有一支素质优、能力强、水平高的专兼职队伍，开展志愿服务活动就无从谈起。作为机关单位来讲，专业志愿者比较少，力量比较薄弱。民间志愿服务组织建立在完全自愿的基础上，面向的范围广，招募到的专业志愿者多。因此，二者可以寻求合作，实现优势互补，资源共享。截至2015年6月，办理沂蒙义工证的有8000多人，加入义工QQ群的有30000多人，帮助800多名贫困家庭儿童上学，关注空巢老人及敬老院老人达1200多人。通过与沂蒙义工联合，兰山区的志愿服务队伍迅速壮大起来。

定期开展，活动常态了。通过建设“快乐驿站”，把志愿服务活动搬进社区，有效推进了社区志愿服务活动常态化开展。在这里，体检、理发、家电维修、心理辅导等活动定期开展，为社区居民提供了丰盛可选的志愿服务“大餐”。同时，社区广大居民耳濡目染，极大增强了参与的积极性、主动性。

服务贴心，居民满意了。固定的地点、丰富的内容、贴心的服务，让社区居民打心眼里对“快乐驿站”赞不绝口。特别是社区的空巢老人们，通过学唱歌、参加歌友会，在这里找到了欢乐，找到了寄托。在活动中，原先不来往的邻居们由相识到相知，由相疏到相助，密切了关系，增进了友谊。

启示与思考

志愿服务标准需要规范。推进服务平台标准化、规范化，是保障志愿服务制度化的前提基础。推进志愿服务，要有基本制度、工作模式、活动载体、特色品牌，以此提升服务水平。临沂经过实践操作，探索出“九有”模式，即：有社区志愿服务站、有基本制度、有工作模式、有信息平台、有台账记录、有“菜单”服务、有活动载体、有特色品牌、有浓厚氛围。规范统一的模式既保障了服务质量，又加深了品牌形象，增强了志愿服务认可度、参与度。

志愿服务对象必须精准。精准是工作要求，也是有效方法。在有限资源条件下，志愿服务必须做到精准有力。近年来，临沂始终把困难群众、空巢老人、留守儿童、残疾人、帮教对象作为重点对象，建立爱心服务档案。立足“五纵十横”的社区志愿服务网络，积极推动志愿服务活动进社区、进家庭、接地气。本着“方便、快捷、自愿”的原则，采取“一对一”、“多对一”结对帮扶的方式。通过这些措施，使志愿者和重点人群之间建立起长期稳定的帮扶关系，让他们体会到社会的关爱。

志愿服务队伍建设必须加强。志愿服务的健康发展离不开不断壮大的志愿者队伍。志愿服务涉及方方面面，需要各行各业的志愿队伍，只有有了强大的队伍，才能为志愿服务开展提供有力保障。临沂积极整合沂蒙义工、点点环保等民间志愿服务资源，形成一支稳定的覆盖面广的志愿服务队伍，为全市的志愿服务活动开展提供了坚强保障。

志愿服务发展应该长效。志愿服务不是体现在一时一事，而是体现在长久常态，必须着力在保持长效上下功夫，要在建立健全长效机制上做文章，为推动志愿服务健康发展提供根本保障。临沂出台的《志愿服务制度化实施意见》，推动健全志愿者招募注册制度，及时发布志愿者招募信息，为志愿者建立个人信息档案，健全志愿服务嘉许回馈制度，用制度化的成果让志愿服务持续健康发展，让志愿服务在全社会蔚然成风。

移风易俗：鲁西北大地绽放文明秀美新花

引言

近两年，在德州禹城市，一个新鲜的“老词”悄然传遍大街小巷，一股文明的新风迅速吹遍政企城乡，这就是“移风易俗”，一句响亮的号召、一座城市的品牌、一项惠及千家万户的民生事业。自2014年以来，禹城致力建设“改旧俗·树新风”基地，将其作为宣传文化创新“部长项目”，又作为禹城市委、市政府重点工作来抓，全面推行移风易俗工程，全力推动文明风气形成、文明习惯养成、道德水平提升，在当地迅速形成良好的连锁反应。在7月份山东省群众满意度满意度电话调查中，禹城移风易俗工作名列全省第一。移风易俗这颗文明的种子，是怎样在禹城这片990平方公里的土地上生根发芽、茁壮成长，盛开出一株秀美夺目的文明新花呢？

源起——来自一次大走访

在山东省乡村文明行动的大潮中，禹城乘风破浪，大力开展城乡环境整治、垃圾清除、绿化美化工作，不到两年时间，乡村面貌发生颠覆性改观，城乡居住环境大幅提升。在城乡环卫一体化群众满意度电话调查中，禹城市从 2013 年的全省第 130 名，一举跃升到 2015 年的全省第 12 名。

乡村文明工作一炮打响，禹城党委政府没有坐在成绩簿上沾沾自喜，而是继续向纵深谋求探索。在禹城党员干部常规性的“万名党员大走访”活动中，一位普通农民对于村庄不正之风和陈规陋习的反映引发了禹城市委书记张安民的深思：农村的生活环境好了，“硬垃圾”问题解决了，农民群众对精神道德层面的追求也随即提高，解决农村精神“软垃圾”、破除陈规陋习、改善社会风气迫在眉睫。

的确，2014 年之前的禹城农村，社会风气特别是红白事等传统民俗存在一些问题，主要体现在三个方面：一是经济负担。在农村，过去一场丧事的花费最低要 1 万余元，婚嫁喜事更是高达平均 5 万元以上，彩礼陪送、大摆宴席、雇吹鼓手等不良习俗的花费约占总支出的 60% 以上。二是精神负担。在部分农村，曾一度存在封建迷信、铺张浪费、治丧时间过长等不良红白事习俗，造成部分群众盲目攀比，以致产生“我不这样办就丢人”、“我得比他们办得更热闹”等扭曲心理。在极个别地方，部分群众甚至认为“谁用的棺材贵，谁就是孝子”。三是社会负担。随着城镇化水平日益提升，合村并居后的新居住环境带来了新的村居文化，村民之间相识相知、互帮互助的传统文化体系受到冲击，因旧俗陋习引发的家庭矛盾、邻里纠纷、噪音扰民甚至非访闹访等现象时有发生，在一定程度上助长了不正之风的蔓延。一些群众想要摆脱旧俗的纠缠，却是势单力薄、无能为力。

针对这些问题，一场关于“移风易俗”的改革风暴在禹城席卷而来。在“改旧俗 · 树新风”基地建设过程中，禹城市立足“创新思路、虚功实做、群众思维、精准治理”原则，大力开展了以“自觉抵制陈规陋习等不良现象”为核心内容、以

“正党风、淳民风、树新风”为途径的“崇俭尚德·倡树新风”主题教育暨综合整治活动，通过宣传教育、示范引领、制度规范、违规处罚等措施，在城乡无缝覆盖、全面推开。

谋势——立足于全面构建的一套体系

得益于领导高度的重视、上下联动的机制和深入基层的调研，禹城迅速摸索出一整套移风易俗工作体系，制作了双“5+5+X”“工作包”，也就是探索实施了活动内容和行为规范两个“5+5+X”工作法。活动内容“5+5+X”，即5个推进实施类活动：俭以养德、村风倡树、家风倡树、诚信建设、履约践诺等；5个创新实践类活动：婚事新办、丧事简办、感恩母亲（父亲）节、关爱留守老人儿童、城乡邻居节等；X即净化殡葬市场等综合整治活动。行为规范“5+5+X”，即丧事简办“五改”：家族自己办丧改为红白理事会办理、穿白大褂改为戴白花黑纱、5天丧改为3天丧、雇吹鼓手改为放哀乐、大摆宴席改为大锅菜；婚事新办“五提倡”：提倡简约定亲、提倡新式婚礼、提倡礼轻情重、提倡环保低碳、提倡彩礼改为创业资金；X即其他民俗活动的文明规范。

婚事新办、丧事简办、民俗规范的好处显著，主要体现在“三省一好”：一是省时，婚事半天完成，丧事3天内完成。二是省事，婚丧事都在自家或社区服务大厅举办，婚事省去了送贴、请执、谢执、通路等程序，丧事省去了上门报丧、反复奠祭、外谢、路祭等程序。三是省钱，婚事少摆席、白事不摆席，去除高额礼金、吹鼓手、棺材、扎彩等消费，降低了家庭经济负担，避免因红白事欠外债。四是社会效益好，减少相互攀比、跟风浪费现象，有助于推动形成文明节俭、新事新办、厚养薄葬、至孝至善的社会风气，同时密切了干群关系，树立了社区、村干部的威信。婚庆彩礼改为创业资金，增强了干事创业活力，增加了家庭收入，融洽了家庭关系。

在双“5+5+X”“工作包”的基础上，禹城还采取了多项保障性措施。在辛店镇大秦社区活动中心的院墙上，悬挂着引人注目的大幅弟子规全篇，每个前来办事的群众都会不由自主地看上几眼。而在一墙之隔的大秦小学，每天半小时的经典诵读早已成为孩子们的必修课。

“所谓文明，就是好习惯的强制性养成。文明风气的塑造，要靠教育来引导、靠典型来引路、靠制度来规范，这是我们开展移风易俗的重要法宝。”禹城市一位领导如是说。

以教育引导为统领，禹城着力打造高水准的德育体系，各级各单位均建立设施完善、专人管理、定期授课的道德讲堂，并先后邀请全国知名传统文化讲师进行传统文化巡讲。以典型引路为重点，通过评选道德模范、好媳妇好婆婆、文明诚信户、优秀红白理事会等一系列活动，建树一批模范典型，通过媒体大力宣传，营造人人向善、个个争先的浓厚氛围。以制度规范为保障，该市编印了道德文明读本和移风易俗读本，各级各单位均制定符合本单位实际情况的移风易俗工作细则，各社区、村建立村规民约和移风易俗守则，并制定了相关约束奖惩机制。

随着移风易俗工作的不断推进，经过更加广泛深入的调研和论证，一项全面改善区域社会风气的创举由构想变成现实、由单一的破除陈规陋习变成全面的改善社会风气。2014年7月初，禹城经过归纳总结，将社会上普遍存在的各类风气总结为“党风、政风、行风、乡风、村风、家风”六种风气，在经过社科专家顶层设计和干部群众广泛讨论后，正式出台了关于开展“六风”建设工作的意见：

开展“党风”建设，结合群众路线教育实践活动，营造“团结、紧张、严肃、活泼”的政治局面；开展“政风”建设，提升党政机关公信力、执行力和服务水平；开展“行风”建设，维护经济运行秩序，保障群众生产生活；开展“乡风”建设，打造风清气正的镇域发展环境；开展“村风”建设，实现农民素质提升、村庄面貌整洁、传统民俗健康、道德风气提升；开展“家风”建设，塑造具有时代特点和区域特色的新时代家风。六种风气，涵盖和总结了社会风气的各个层面，一场前所未有的风气改善工程已初具雏形。

推进——着手于基层战略的一贯到底

2015 年 4 月 26 日晚上，房寺镇邢店社区热闹非凡，200 多名社区居民聚集在温暖明亮的道德大讲堂，欣赏禹城市艺术团自编自演的移风易俗专题巡回演出。60 多岁的李大爷笑着说：“我看这几个节目演得就挺好，这是提倡咱不浪费、不迷信嘛。搞移风易俗我双手赞成。”

把社会新风尚传递到基层每一名群众身边，是禹城开展移风易俗工作的重要方略。禹城市委负责同志说：“移风易俗的直接受益者是老百姓，直接参与者也是老百姓。搞移风易俗不能只在党政机关摆摆样子，要扑下身子接地气，让所有群众都受益、见实效。”

把移风易俗渗透到社会每一个角落，禹城按照分线作战、分区治理的“双模体系”，开展道德文明进机关、进企业、进乡村、进学校、进家庭“五进”工作。同时，按照“六风”划分六条战线，分别成立由市级领导牵头的工作办公室，各负其责，一贯到底，实行分线作战；各乡镇、部门、企事业单位分别设立专门机构，结合实际工作职能，在本辖区、本行业、本单位内开展工作，实行分区治理。

截至目前，禹城先后组织 100 余次文明新风专题巡演，在党政机关、企事业单位及学校举办经典诵读、“孝信俭”演讲征文比赛等20余项大型活动，禹城志愿者联合会组织近3000名志愿者走进农村，群众身边的好人典型和道德模范深入社区、企业巡回演讲数十次。

令人颇感意外的是，移风易俗还成为一些基层干部抓工作的“撒手锏”。梁家镇孙院村是个薄弱村，遗留问题多，群众基础差，2013年当选的支部书记一直为抓不好村内工作而苦恼。2015年，他抓住移风易俗这个契机，通过建立理事会、热心帮忙协调、取消大操大办，整顿了红白事操办程序，赢得了几大家族的一致信任，村内各项工作也变得理顺了，孙院村一举成为当地的先进村。他算了这样一笔账：理事会全程操办红白事，户家又省心又省事，在白事上不论穷富，一律取消500元的白布、3000元的酒席、3000元的吹鼓手、2000元的棺材等，最少能给户家节省八九千元，同时，村里几大家族都派代表参加红白理事会，大家有事一起商量着办，消除了隔阂成见，村干部威望上去了，村里工作自然就好开展了。

实效——造福于崇德向善的一方百姓

群众负担明显减轻。全市12个乡镇、近千个农村社区（村）都建立健全了红白理事会，充分发挥红白理事会的管理规范作用，大力推行“五改五提倡”，并将红白理事会成员和制度制作图板、上墙公示。各社区红白理事会按照自身实际统一制定红白事宴席、烟酒标准，禁止雇佣吹鼓手，一律推行3天治丧时间，大操大办等不良习俗得到有效改善，群众平均节约经济开支近万元。将“婚庆彩礼”变成“创业资金”更是成为年轻人的新时尚，共引导659对新人参与活动，积累创业资金达1400余万元，创业项目670个。

2015年9月1日，在辛店镇大秦社区，禹城市2015年首届集体婚礼成功举办。8对新人在千余名亲朋嘉宾共同见证祝福下，分“牵手关爱”“共植纪念树”“国旗下宣誓”等16个环节，完成了集体婚礼仪式，整个过程没有酒席应酬和铺张浪费，文明俭朴而又隆重热烈。

婚事新办、丧事简办实例不胜枚举。辛店镇陈忠村村民婚礼上，邀请村里的广场舞队伍代替吹鼓手。房寺镇杨架村和辛寨镇大刘村的村民，先后用自行车迎娶新娘，引发群众好评。而市中街道韩庄社区和十里望回族镇前河社区，则分别建成纪念堂，将骨灰统一安置在纪念堂供奉，同时在纪念堂两侧开辟墓地，把原墓葬迁移到公墓，每个墓位仅占地一平方米。张庄镇南邢村、前黄村、周庄村率先统一白事标准，不占棺材、不摆席、不请吹鼓手、不披麻戴孝，引起周边村庄村民“眼红”，纷纷要求本村改革红白事习俗。市中街道肖寺社区居民的白事上，能免则免、能省则省，前后只花了不到3000元，比过去节约了1万余元，创下操办开支“最低纪录”。

此外，许多新人用结婚彩礼钱跑运输、搞养殖、开淘宝店，尝到了创业的甜头。梁家镇范庙村一位村民响应号召，把给女儿陪嫁汽车、家电的钱存进银行，让女儿女婿用来创业做食品代理，月入5000余元，在当地引起强烈反响和纷纷效仿。

道德文明深入人心。随着不文明习俗和行为的有效遏制，广场舞、秧歌队等健康文明的文化活动成为广大农村群众自发的生活习惯，讲文明、讲道德、讲节俭已经成为基层党员干部群众的自觉行为。人们由过去的“比铺张”、“比花钱”变为现在的“比节俭”、“比文明”，周末去道德讲堂听课成为一种新时尚，参加文化活动成了光荣、先进的象征。禹城每年举办广场舞大赛和民间文艺展演活动30余场，参与群众近2万人。每年农历4月初二都将举办中华母亲节活动，大力弘扬传统文化、塑造良好道德风尚。全市20人以上的广场舞队伍已达1100多支，庄户剧团130余个，民间公益爱心组织有18个，机关、企业、社区开设道德讲堂1000余个，直接受教育群众逾10万人次。

“榜样的力量”禹城道德模范评选已开展三年，无私无畏为党奉献一生的好党员、几十年如一日照顾4个老人2个侄子的好媳妇、老吾老以及人之老的好儿子、扎根基层科技富农的好干部等道德模范尽人皆知、获得全社会推崇。2015年迄今，禹城先后上报“好人之星”47人、“中国好人榜”群众线索221条，其中6人被评为“德州好人之星”、6人入选“山东好人榜”、1人入选中国好人榜“好人365”，5人荣获“德州第五届道德模范”称号，欧阳竹荣获“全省第五届道德模范”称号，辛店镇荣获“全国文明村镇”称号，人人争当道德楷模、村村争创文明社区的氛围日益浓厚。

今天的禹城，文明的氛围愈发浓厚，道德的力量更加强大，一轮崇德向善的新思潮正在席卷这座城市。农民群众说，以前大家都是“谁铺张谁有面子”，现在变成“谁浪费谁丢人”；小学生说，以前父母教育我们争当三好学生，现在我们“教育”爸爸妈妈争创三好家庭；窗口服务人员说，以前我们做到了“把笑脸送给群众”，现在我们要做到“把真心掏给群众”；企业老板说，以前我们光顾着搞生产经营，现在是经济效益和社会效益两手抓；党员干部说，以前迫于纪律压力不敢大操大办，现在得益于移风易俗的实施，没有面子和习俗的压力，压根就不用大操大办……

启示与思考

移风易俗，顾名思义就是转变不良风气、改变不良习俗，是一项系统的社会工程，特点是社会亟需、政府主导、全民参与、人人受益，可以说是一项功在当代、利在千秋的重大民生事业。

搞好移风易俗，必须做到“创新思路、虚功实做、群众思维、精准治理”。

1. **创新思路**。开展移风易俗工作是经济社会发展到当前阶段的必然选择，也是精神文明建设的一个新挑战，因此，必须打破固有的精神文明工作定式，大胆突破，勇于开拓，通过领导重视亲自抓、明确职责分工抓、理清思路重点抓、强化督导抓落实、舆论宣传抓引导等多项举措，形成强大的工作合力和浓厚的社会氛围。

2. **虚功实做**。风气和习俗的形成，是一个日积月累的过程，长时间存在于人们的意识形态里，影响着人们的日常生活和行为方式，可以说比较“虚”。要将这种“虚”的东西抓好，就需要“虚功实做”，通过活动、通过载体、通过平台，将工作落小、落细、落实，避免工作流于形式、流于口号。

3. **群众思维**。传统习俗包含方方面面，鱼龙混杂，良莠不齐。在全国上下纷纷喊出“传承中华传统文化”的今天，我们党委政府必须弄清楚，群众到底需要传承哪些传统，群众到底反感哪些习俗。倾听群众的声音，了解群众的需求，把群众喜闻乐见的发扬开来，把群众深恶痛绝的摒弃出去，既有利于社会主义核心价值观的倡树，也符合中央开展群众路线教育实践活动的要求。

4. **精准治理**。长期以来，在抓这类精神文明层面的工作时，宣传部门的工作方式往往难以脱离舆论宣传、教育发动、典型示范等引导性工作，缺乏必要的制度化、规范化手段。因此，从丧事简办和婚事新办两项工作入手，把家家户户必然会遇到、会经历、会操办的红白事，作为移风易俗工作的重中之重，以红白事习俗操办流程的制度化、标准化、长效化为撬动点，来做好移风易俗这篇大文章，方能起到事半功倍的效果。

德城家风家训：推动社会主义核心价值观教育普及

引　言

习近平总书记在中共中央政治局第十三次集体学习时指出，“一种价值观要真正发挥作用，必须融入社会生活，让人们在实践中感知它、领悟它。要注意把我们所提倡的与人们日常生活紧密联系起来，在落细、落小、落实上下功夫”，并强调“培育和弘扬社会主义核心价值观必须立足中华优秀传统文化”。家庭是社会的细胞，家庭生活是社会生活的有机组成部分，家风家训则是中华传统文化的重要组成部分。2015 年，德州市德城区把家风家训建设作为培育和践行社会主义核心价值观的有效载体，深入挖掘地域文化资源，在农村社区大力培育良好家风，孕育淳朴民风，推动了社会主义核心价值观进社区、进家庭、进头脑，真正内化于心，外化于形。

让传统家风家训“活”在当下

德城，以德为名，因德而兴，是龙山文化发祥地之一，流传着后羿射日、嫦娥奔月等美丽传说，世代传承着仁孝清廉、耕读传家、积德行善、克勤克俭等良好家风家训。在这片受“德文化”、“家文化”孕育的土地上，产生了一代文宗田雯的《田雯母张氏家训》、两淮盐运使卢见曾的《卢氏祖训》等家训经典。这些家训不仅教化了本家子弟，更在潜移默化中让临近乡民也深受熏陶。

近年来，受市场经济的影响和西方文化的侵袭，传统文化削弱、社会价值观多元多变的倾向突出。同时，人们对传播道德风尚、宣扬好人好事、教育子孙后代的需求也日益凸显。时代呼唤家训、家风的回归。按照习近平总书记指出的“家庭是社会的基本细胞，是人生的第一所学校。不论时代发生多大变化，不论生活格局发生多大变化，我们都要重视家庭建设，注重家庭、注重家教、注重家风”的讲话精神，德城区积极顺应时代呼唤、回应社会期待和群众呼声，以农村社区为载体，将经典家风家训和德城文化有机融合，依托各社区的“道德讲堂”，以群众喜闻乐见的方式阐发家风家训故事，传播德城文化，助推家风家训教育。在全区发出倡议书，倡议广大群众诵读《颜氏家训》《朱子家训》等名篇佳句，汲取经典精髓，传承和发扬优秀家风家训的精华。

家风家训建设有声有色

德城区在家风家训建设活动中，以现代视觉重新审视家风家训文化，汲取传统营养，赋予新的内涵，通过选树典型、创新载体、广泛宣传等措施，激发人们心底的道德情感，建设积极向上的家庭文化，引导人们自觉培育和践行社会主义核心价值观，形成修身律己、崇德向善、礼让宽容的道德风尚。

选树典型，以点带面扩大辐射效应。德城区把农村家风家训建设作为推进乡村文明行动的有力抓手，制定下发了“立家规、树家风”主题活动方案，组织开展了“好家风好家训”征集评选活动，每户村民通过自己编写或主动认领的方式，明确了各自的家规家训，并将优秀家训制作成牌匾、宣传画等，在农村文体小广场和家庭的显要位置摆放悬挂展示，让群众可见、可学。学习借鉴浙江省安吉县家风家训建设经验，按照“镇（街）有示范村（社区）、村（社区）有示范户”的原则，精心打造了新华街道常王村、何庄村、包庄村，黄河涯镇金庄村、崔庄村等示范点，由德城区委宣传部统一设计了“立家规、树家风”标识，制作成红陶材质、房屋形状或书面形状的家训牌，将每户村民的家规家训镌刻其上，悬挂于门前，有效促进了家风家训建设。

创新载体，吸引广大居民积极参与。精心设计家风家训主题实践活动，组织实施了村民素质提升、城乡文明共建、农村志愿服务等文明创建行动。各社区把“诵读经典家训、培育文明家风”作为道德讲堂主题，传颂历代家训的名家名篇，鼓励广大居民走进道德讲堂，讲述家风故事，传承家风文化。以邻居节为载体，广泛开展“家风大家谈”“点赞我家好家风”等系列活动，将家风家训建设融入日常生活，引导居民从自身做起、从家庭做起，以良好的家风家训，营造和谐社会风气。开展“寻找最美家庭”活动，鼓励广大居民晒家规家训、讲家风故事、秀家庭梦想，发现和评选一批以德治家、创业富家、文明立家、学习兴家、平安保家的美丽家庭，评选出50户“德城最美家庭”。编排了一批弘扬“好家风、好家训”的歌曲、小品、快板等文艺节目，为广大群众搭建起便于参与的载体和平台，提高了家风家训建设的吸引力。

广泛宣传，传递乡村和谐文明新风。在《德州日报·德城版》、《长河网》、德州电视台《美丽德州》栏目开设家风专题，及时报道活动进展情况，进农村入家庭，寻找好家风，探寻家风背后的故事，唤醒人们的家风情节，让人们在潜移默化中感受到家风的影响力。在“好家风好家训”征集评选活动的基础上，将优秀家风、家训故事汇编成册，印制《家风化雨润德城——德城百姓家规家训（第一辑）》1 万余册，面向全区家庭免费赠阅。同时，精选了部分优秀家规家训和家风故事，在《德州日报·德城版》刊发了 4 个专版。围绕“做四德新人、树文明家风”主题，各社区普遍在“善行义举四德榜”旁建立起“最美四德家风榜”，悬挂“美丽家庭笑脸墙”，促进千家万户见贤思齐、共同提高。

家风家训建设见成效

家风潜入心，润物细无声。随着家风家训建设活动的不断深入，德城辖区内广大居民对社会主义核心价值观的理解和认识不断加深，文明素质和道德水平得到显著提升，并逐步形成了文明和谐、积极向上的良好社区风尚。

强化了农村居民凝聚力。在开展家风家训建设主题活动中，每个家庭、每个居民都能在其中找到适合自己的活动内容，从而在农村社区独有的互助、友爱的环境中形成自己的家风、践行自己的家训，逐步培养自己的自信心、荣誉感和责任感。他们传承的“孝是百行源，莫忘返亲恩”“孝顺为先、尊长爱幼”等好家训，是教育子女的治家法宝，也是处理各种矛盾的重要法宝。同时，广泛讲述优秀家风故事，为广大居民树立了标杆，增强了自尊、自信、自强意识，提升了文明素质。

汇聚了农村发展正能量。写家训、用家训、培育好家风，有利于提高广大居民的思想道德水平、文明程度和综合素质，养成良好的社会风气。在“好家风好家训”征集评选活动中，每户村民通过编写或认领自己的家风家训格言，认识到，家训的牌子虽小，字数也不多，但它是一个家庭精神风貌的象征，是一个村

(社区)文明程度的体现。家风家训建设犹如一面旗帜，引领广大群众参与到村（社区）的各项建设中来。

引领了农村文明好风尚。家训是居民自己提炼编写或认领的，最终是自觉遵循的，解决了居民自我教育的问题，并把教育主体回归到“家庭”这一居民自我教育最基础的单元，起到了事半功倍的效果。一些街道社区居民自发成立了义务巡逻队，排查隐患，帮扶邻里，为社区带来了平安和欢乐。广大居民正用“好家训好家风”的力量来实现家庭成员的自律约束，弘扬中华美德，传承良好家风，形成了向善向好向上的社会文明风尚。

启示与思考

自家风家训建设活动开展以来，在广大居民中引起了极大的反响，受到了居民的真心欢迎。这次活动收获了人们内心道德情感的激发、家训家风的回归、居民对家训家风的认同，探索了一条培育和践行社会主义核心价值观的好路径，也给我们留下了这样几点启示：

1. **家风家训建设要融入日常生活中。**家风是家庭的精神内核，也是社会的价值缩影。良好家风和家庭美德，是社会主义核心价值观在现实生活中的直观体现。习近平总书记指出，一种价值观要真正发挥作用，必须融入社会生活，让人们在实践中感知它、领悟它，达到“百姓日用而不知”的程度。要让好家风好家训真正发挥作用，就要融入百姓的衣食住行中、生活细节里，使之成为群众长久的自觉行为，比如，将家训书写制作成匾额、条幅，挂在门楣、厅堂之上，使家庭成员低头不见抬头见，久而久之，就渗透到人们的心灵之中。通过这样的形式，使道德教育渗透到人民群众的衣食住行、言谈举止各个方面，使好的家风家训化为人们的日常行为，成为老百姓的生活方式，成为群众的思维习惯和行为习惯，从而使人们不知不觉地践行社会主义核心价值观。

2. **家风家训建设要发挥基层组织作用**。虽然家风只是一个家庭所奉行的行为准则和生活方式，而家风取向的改变不仅受到上辈人的熏陶，还受到周围社会的影响。在推广好家风好家训的同时，还要让好的社会风气影响那些消极的家风家训，使之得以转变和升华。这就需要发挥各类基层组织的作用，要充分发挥道德评议会、红白理事会等组织的作用，修订完善村规民约，治理不良风气和行为陋习，狠刹歪风邪气，促进乡风文明；要发挥民间文艺团体的作用，鼓励他们创作一些劝诫人们忠诚、孝敬、向善的正能量作品，在丰富居民业余文化生活的同时，提升居民文明素质；要利用道德讲堂等载体，加强居民道德教育，进一步提升社会正能量。

3. **家风家训建设要建立长效促进机制**。家风家训建设是一个系统工程，重在群众参与，贵在长抓不懈。要把家风家训建设工作纳入农村精神文明建设的重要内容，作为考核的重要依据。要运用各种方式，多方配合，建立相应的切实有效的制度。一方面要形成联动机制，充分发挥宣传、团委、妇联、教育等相关单位的职能，齐抓共管，使家风家训建设落实到各家各户。另一方面要积极鼓励载体创新、实践创新，以简易方便和生动活泼的形式，融入群众工作生活，潜移默化、润物无声，扩大社会效应，推动家风家训建设常态长效。

以党史国史教育引领学生成长

引　言

2012 年 11 月，聊城职业技术学院向学生发放了近 7000 份思想状况调查问卷，结果显示主要问题集中在“信仰缺乏”、存在“自卑现象”和“动力不足”三个方面，做什么样的人、怎样做人不清楚，对人生定位、未来选择迷茫，缺乏基本判断能力等问题也较为普遍。调查结果令聊职每位老师倍感责任之重。为此，学院党委在全院上下开展了深入广泛的研讨。如何引导学生追求真理、明辨是非，做一个有信仰、有思想、有志向的人？怎样打牢青年学生理想信念的思想基础，给学生的精神“补钙”？一场深刻的思想政治教育改革在聊城职业技术学院拉开了序幕。

党史国史教育：提升学生思想境界的“金钥匙”

党史国史教育突出的问题是，高职学生对传统的教学方法不感兴趣，照本宣科、灌输说教的办法很难起作用。怎样让学生喜欢上党史课并发挥作用？要想真正发挥党史教育作用，就要有一支教学素质过硬的教师队伍，要从课程建设建设入手，探索一套学生易于接受的教学模式，在教改和课改上大胆创新。

为打造高水平思政教师队伍，学院积极引进“外脑”，聘请中国人民大学、省委党校的专家，参与学院党史教育的教学改革。邀请山东省委党校进校量身打造党史课程，设计了12个专题，通过还原历史事件，用事件贯穿历史、用历史分析理论，通俗易懂地再现了党的苦难与辉煌、正确与伟大。“名师的指导，对我们后来讲好党史课有很大帮助。”不少教师感叹说。组织专家精心备课授课，提高教师实施党史教育的能力和水平，成为学院推进党史教育改革的一大亮点。学院选派教师到北师大等高校培训学习，“取经”回来后的老师们感觉信心更足了，更加热情地投入到党史课改中去。“一年的外出进修，让我们在专业理论和教学方法上受到很大启发。”高老师在进修期间还经常到北大、清华、人大等学校听课，整理了大量的学习笔记和视频资料。“进修期间，我们每周要写一篇周记，每月要回学院做一次报告，学期末还要给全体学生进行一次专题讲座。这种系统的考评机制，让我们学习起来更具有针对性和目的性。”

党史课程与美育结合，学院开设了红色经典音乐欣赏、红色电影欣赏和经典阅读课等党史国史教育必修课。红色经典音乐欣赏按照党史脉络编辑了《长征组歌》等四部作品，红色经典电影课则选择《建党伟业》等反映我党不同历史时期的作品，让红色基因通过艺术深入进学生的心中。党史课程与马克思主义理论课和形势政策课这“两课”相结合，创新多种形式进行思政教育。如结合教师个性特点每人分专题开设思政讲堂，如今“信海听风录”“太国看天下”等已经成为深受学生喜爱的开放式形势政策课堂。

坚持理论与史实相结合，推行情境化、拟人化教学方法等教改措施，促进了教师不断提高党史教学质量的自觉性和主动性，学院有一个检验是否上好课的标准，就是看你能不能让学生进入你打造的时光隧道，学生能不能和你一起走进那历史年代去感同身受。为了达到这个标准，教师们每部作品的讲稿都会修改10

次以上，运用多种形式的教学资源充分激发学生的想象力和学习兴趣。

经过党史课改积累，学院思政教学团队先后编写了《知史爱党》《知史爱国》《党史教育系列故事》《鲁西北抗战系列故事》和《社会主义核心价值观讲义》等系列校本教材，其中《知史爱党》由北大出版社出版。

为配合两史教育，学院在硬件建设上加大了投入。建成红色书库，设立“冀鲁豫革命史架”和“徐运北专架”成为党史教学的延伸课堂，也为党史教学团队在精选教学案例、充实党史知识储备提供了重要的理论和史料支持；发掘聊城革命老区革命史资源，建成鲁西革命史教育基地，成为地方史教育的重要场所。

党史教育课堂与实践活动相结合，学院先后与聊城市革命烈士陵园、孔繁森纪念馆等共建党史教育基地。组建“五老”党史教育队伍，将全国劳动模范许振超等请进课堂，联系他们自身经历，为学生忆成长、讲党史。

经过三年多的探索，党史国史教育在聊职师生中已“内化于心外化于行”。学院志愿服务队伍的不断壮大可以说是学院党史教育成果的一个具体体现。2015 年，聊职学生成为全国第一家高职院校服务全国两会的志愿者，聊职成为“国家两会服务单位人才培养基地”；与聊城市政府合作成立了聊城市应急救护志愿大队、地震志愿者服务队、消防志愿者服务队，共计 800 余人，成为聊城市重要的志愿力量。

聊职农科学院一名学生说：“学习党史对我的触动很大，人活着是为了实现人生价值，可价值到底体现在哪儿？作为农科专业的学生，能用专业所学给农民提供帮助，这就是我的价值。”

传统文化教育：以经典文化滋养心灵

如果说党史国史教育是大学生思想政治教育的核心和灵魂，那么，中国优秀传统文化教育是当前大学生思想政治教育的“活水”和“源泉”。因为传统文化中厚德载物的精神特质，乐以忘忧的人生态度，止于至善的人生境界，注重内省的处事标准不仅为思想政治教育提供了丰富的教育内容，还提供了可资借鉴的原则和方法，启示我们必须把当代大学生的思政教育植根于优秀传统文化这块深厚的土壤。

聊城职业技术学院传统文化教育特色和优势可以概括为四个方面，一是搭建了海源书院这个优秀的教育平台，二是打造出了一支专业的教研团队，三是传统文化教育课程化建设初见规模，四是名师引领，海源大讲堂成为传统文化教育的文化品牌。

2015 年 2 月 4 日，聊城市海源书院落户学院，这是全国第一家由高职院校主办的书院，海源书院的成立是我院传统文化教育走向阵地化和规范化的重要标志。具体来讲，海源书院一是作为聊城市中华优秀传统文化传播和推广教育基地，实现传统文化资源共享；二是推动聊城市优秀传统文化的研究；三是构建大众儒学与职业教育相结合的新模式，把传统文化教育融入职业教育的全过程。为海源书院高标准选拔、配备了一支专职教师队伍，邀请专家指导教学设计，派专任教师接受专项培训。截至目前已派专职教师先后到山东大学、尼山圣源学院、北京国家教育行政学院等接受培训 34 人次。

将传统文化教育落实到课程层面。已经开设的选修课有《中国传统文化》《唐诗宋词》《中华传统节庆文化》等，必修课有《经典诗文诵读》，根据《论语》《弟子规》的主要内容开发了《修身九讲》等课程。在此基础上，在省教育厅立项了

《以道器统一为核心的高职院校人文素质教育课程体系的构建与实践》以及教育部重点立项课题《以人格培养为核心的高职人文素质教育课程体系的构建与实践研究》。课程建设的实践与研究，对于进一步明确传统文化教育教学的功能定位、实施途径起到了重要的推动作用。

启动“海源大讲堂”。2014 年聘请山东大学、北京师范大学、中国人民大学、台湾师范大学等高校传统文化知名教授来学院授课，受众万余人次。如朱荣智教授《庄子的生活美学》、柯金虎教授《孔子的中心思想》等专题讲座，其中庄子的超然智慧，孔子的修身成德，对提升师生道德修养具有重要的现实意义。

职业核心能力培训：塑造更会工作的人

怎样帮助学生毕业后走上工作岗位，能尽快完成从学生到社会人的转变，顺利适应岗位和社会人的角色，培养他们的职业核心能力也成为聊城职业技术学院引领学生成长成才的重要一环。

在聊城职业技术学院，职业核心能力培训已经成为一门必修课。职业核心能力，又称为关键能力，是专业能力之外，广泛需要并且可以让学习者自信和成功展示自己，并根据具体情况选择和应用的、可迁移的能力。学院根据社会岗位要求和学生特点，以培养学生职业能力和职业素养为目标，在大量实践的基础上，以小组为单位，开展团队合作、自尊自信、习惯养成、目标设定、感恩等体验式教学，让学生在活动中体验、在体验中领悟、在领悟中学习、在学习中成长。

2011 年以来，学院先后组织培训团队赴北京、哈尔滨等地参加全国核心能力培训，并邀请核心能力专家到学院进行了为期 6 天的定向训练。目前，聊城职院已形成 35 人的职业核心能力培训队伍。他们也经常进农村中学，义务为高中生开展职业核心能力培训，先后到冠县、高唐、临清、茌平等县市的9所中学开展了12场培训，每到一处都赢得了学校、学生及家长的真诚欢迎，职业核心能力训练营成为学院的品牌。

学院进行模块化教学。针对部分学生学习目标不明确、学习习惯差、自律性差、缺乏自信心、做事缺乏毅力等现象，有针对性地开发了七个模块。主要包括：团队合作模块，教给学生如何与人合作；目标管理模块，让学生设定自己的人生规划；习惯养成模块，让学生养成一个良好的习惯；压力管理模块，缓解学生学习和生活压力；沟通模块，教会学生如何有效地与他人沟通；责任担当模块，让学生带着责任和担当成长；感恩模块，让学生成为常怀感恩之心的人。这些模块形成一个有机整体，通过体验式教学，触动心灵，激发学生的学习潜能和动力。

旅游学院2012级的一名同学在培训后写下这样一句话："礼仪是一张名片，在日常生活中以礼相待是通向成功之路。通过这次培训，让我学会了懂礼、知礼、行礼，让我成为一位有礼的人。"

综合实践基地：搭建学生成长的多彩舞台

现代高职教育应该用更广阔的舞台、更多样的条件让学生获取知识、技能和思想上的成长。2013年8月，全国示范性综合实践基地获批在聊城职业技术学院建设，基地功能定位于结合学生发展需求，着眼科技素质培养，提高综合实践素质与能力。

综合性实践基地由室内综合活动区、室外劳动实践区、综合训练区、生活区四部分组成，可同时容纳800余人活动。创客空间、财商馆、真人CS军事体验馆等基地场馆提供多角度、不同视野下的综合实践教育。学院选派了26名素质教育骨干教师专职负责实践基地的管理和教学任务。这些管理人员和教师大多具有硕士以上学位，保证了基地管理与授课教育性、实践性和科学性的统一。

学院根据培训对象的特点和基地的功能与特色，设计了较为完整的综合实践课程体系。传统基地活动课程只注重外显形式，忽视了对学生基本素养和思维能力的培养，致使许多活动都停留在让学生看一看、听一听、摸一摸、玩一玩、试一试这样的浅层次上，为了能让学生全面直观地体验职业类课程、了解职业、感受文化、加强职业启蒙，促进普职融通，基地现已建设完成6类职业体验类项目，针对中学生开发了18门课程，包括医护学类的心肺复苏课生命教育等四门课程，现代生活类的茶艺课、餐饮文化等三门课程；汽车制造类的汽车模拟驾驶、汽车轮胎更换等四门课程；机械类的DIY模型加工——数控加工技术体验课等四门课程；现代物流类的开学做物流小当家课、现代物流信息化3D操作体验课等两门课程；物联网类项目开设了《物联连接你我他》课程。

本着边建边用、建用结合的原则，2014年7月起，基地先后承担了6期400人的全市中小学骨干班主任的培训任务，省委高校工委、团省委、市委、市政府给予高度评价，《中国教育报》专题报道了开展培训情况。

在聊职校园，文明礼貌、真诚友善蔚然成风，更多的学生加入到专注于苦练技能的队伍中来。近年来，先后获得全国和全省职业院校技能大赛一等奖等100多项，每年递交入党申请书的学生达4000多人。毕业生良好的政治思想品质受到社会好评，就业率连续多年保持在98%以上……聊职已经走上工作岗位的毕业生深有体会地说："在母校学习的三年，不仅学到了专业技能，更主要的是让我们有了人生航标，让我们在成长的道路上走得有方向、有力量。"

启示与思考

聊城职业技术学院以党史国史教育为突破口，开展思想政治教育是一项兼具传承和创新意义的工作，带给我们如下启示：

做好顶层设计是破解高校思政教育难题的重要保障。高校作为意识形态领域的重要阵地，做好顶层设计，既是为了确保思政教育正确导向，确保切实把高校意识形态工作落到实处，也是最大限度整合校内外资源、形成合力、系统推进思政教育的需要。必须将其作为“一把手”工程来抓，准确把握思政教育贴近学生的途径，与传统文化教育、核心能力培养等内容有机结合，有组织、有阵地、有队伍、有成果、有实效，才能真正让主流思想入心入脑。

尊重教育规律是高校思政教育取得实效的基本遵循。思政教育必须把握学生的成长特点和规律，摆正基本道德教育、信心塑造、培养正确分析问题能力的地位和作用，培养学生冷静、客观、辩证地分析问题解决问题的能力。面向不同学生群体不能搞一刀切，而是在教育载体、内容和层次上有所区分和侧重，开展差异化、多样化思想政治教育。在教育过程中要注重润物无声，重点营造良好的文化育人氛围，充分发挥校园文化的导向功能和感染力。

创新工作理念是高校思政教育充满活力的不竭源泉。高校思政教育只有抓好党性教育这个核心，学习党的历史，弘扬党的优良传统和作风，教育引导学生牢固树立正确的世界观、人生观、价值观，坚定政治立场，明辨大是大非。因此，思想政治教育工作者不但要有育人的使命感、责任感和高素质，而且要在实际的教育活动中创新方式方法，广泛运用古今中外历史和现实中生动的案例，循循善诱、以情动人、以理服人。通过不断创新方式手段，才能最大限度地发挥学生主观能动性，提高教育的针对性和实效性。

走向社会是高校思政教育取得实效的必由之路。思政教育在注重理论宣讲的同时，也应注重实践环节的教学。学校引导大学生走出校门，通过形式多样、内容新颖、吸引力强的实践教学活动，可以引导学生积极思维，培养创新能力，让学生在实践中真正体味马克思主义在中国的发展，感悟时代的变迁，提高自身思想政治素质和观察分析社会现象的能力。使学生感觉到“祖国”“人民”“社会主义”“集体”这些概念，实际与每个人的前途命运紧密联系在一起。

挖掘优秀传统文化
打造特色教育品牌

引　言

我国的优秀传统文化源远流长、博大精深，弘扬中华优秀传统文化不仅具有时代意义，也是教育当代青少年不可或缺的内容。东阿县第二实验小学将弘扬中华优秀传统文化和培育社会主义核心价值观紧密结合起来，把中华优秀传统文化融入小学教育体系，紧紧围绕“崇德仰圣，游艺笃行”的核心理念，坚持开展“学国学、汲精华，传文化、强素质”主题教育活动，开展了“四德歌”传诵、感恩父母等多种主题的教育实践活动，在传统文化传承与核心价值观体系建设方面取得了一些好的经验和做法。

转变：从一场讨论开始

东阿县第二实验小学是东阿县重点小学之一，拥有在校生3000余人，教职工183人，学历达标率100%。多年来，东阿县第二实验小学始终秉承“百年大计教育为本”的理念，恪尽职守地教书育人，教学成绩可圈可点。

2006年，《国家“十一五”时期文化发展规划纲要》发布。纲要指出：“重视中华优秀传统文化教育和传统经典、技艺的传承。在有条件的小学开设书法、绘画、传统工艺等课程，中小学各学科课程都要结合学科特点融入中华优秀传统文化内容。”纲要出来后，针对这一问题，该校在全校教师中进行了一次课程改革大讨论。

大家一致认为，齐鲁大地原本就是充满传统文化的道德高地，在这块土地上相继诞生出孟子、孔子、墨子等诸多思想家，进而产生了以孔子为代表的儒家文化、以孟子为代表的道家文化以及以墨子为代表的墨家学派。几大文化相互更替，交错相击，给整个齐鲁大地乃至整个中华民族带来了不可磨灭的影响。儒家文化更是因其“仁、义、礼、智、信”的核心内涵，为历代统治者或利用或推崇，形成了整个中华民族的精神脉络。作为儒家文化发源地，山东更应该把这一文化的精华发扬光大。

而优秀传统文化要想真正传承下去，必须从娃娃抓起。少年儿童时期是是非观、人生观形成的关键时期，也是影响人一生的重要时期。由于年龄小、知识少、阅历浅和缺乏社会经验，是非观念模糊，对人对事缺乏明辨能力。孩子们又具有很强的模仿力，很容易接受外界的不良影响，往往会通过对外界事务的映射，做出自己正确或错误的判断，一旦形成坏习惯就很难改正。这种判断需要家庭、学校、社会帮忙形成。进入学生阶段后，孩子们接触到更多的是学校的教学氛围和老师的言传身教，要想真正帮助孩子们树立正确的是非观和人生观，对他们进行系统的思想品德教育十分必要。这就需要我们从优秀的传统文化中选取精华，特别是儒家文化的创始人孔子的思想，来加强少年儿童的品德教育。

但是，纵观整个小学课程设置，对于优秀传统文化，只是在语文、历史等课程中有零星介绍，但多侧重于普及科技知识，侧重于语法知识等传统教学，对于风俗习惯、传统美德等精华的介绍少之又少。问及最喜欢做的事，很多的小学生对动漫卡通、电视剧如数家珍，对《论语》《孟子》等传统经典及古代名人却是一问三不知。这个问题具有普遍性，而不是个别现象。可以说，优秀传统文化在小学教育课程中留下了太多的空白，把优秀传统文化的内容正式纳入国民教育的体系尚待时日。

再来看看小学生们的表现。当前家庭中绝大多数是独生子女，孩子一出生，便是好几个家庭关注的焦点，可谓“集三千宠爱于一身”，是小皇帝、小公主。部分家长对孩子过度宠爱，养成了某些不良习惯和不良嗜好。走进学校后，只爱听表扬话，听不得批评声；刁蛮任性、以自我为中心多，关心爱护他人少；指示他人多，自理能力差；尊师重道、孝顺老人、关爱他人等传统美德严重缺失，一旦受到批评，就找家长诉苦，导致老师不好教，不好管。同时家长把更多的关注点放在孩子的学习上，对其他则不管不问，往往孩子在学校弄得鸡飞狗跳，老师只能无奈苦笑。而在教育界出现这种极不正常的现象是不应当的。究其原因，就是优秀传统文化的传承出现了断裂，没有人告诉孩子们应该怎样是正确的，怎样是错误的。因此，从小学开始，必须进行课程改革，改变教育方法，让孩子们在“人之初”就养成良好的习惯。

改革：重形式成习惯

学校紧密结合教育教学实践，深入发掘传统文化历史积淀，确定了“崇德仰圣，游艺笃行”的核心理念，提出了“弘扬传统、浸润人生”的办学宗旨，以及“用特色经营学校，用发展提升品牌，用真心发展教师，用真爱教育学生，用真情服务家长”的工作目标等一系列教育理念，开始了大刀阔斧的改革。

成立了以校长为负责人的总课题组以及教学、德育、管理等子课题组。课题研究从中华优秀传统文化教育的特点和规律出发，紧密结合学校的教育教学实践，开展了多主题的探索研究。通过研究，大家认识到，中华优秀传统文化其实就在生活之中，就在实践之中，一定要开展养成教育，让学生在体验教育中认识事物，获得知识，明白道理，得到发展。这有利于克服学校教育两大十分普遍和顽固的弊端：一是教育严重脱离生活实际和社会实际，使学生解决社会实际与生活实际问题的能力得不到发展。二是教育忽视学生的个性，使学生得不到适合自己的教育与发展。

为了培养形成“崇德仰圣，游艺笃行”的良好习惯，要求每个学生都会背诵《学生日常行为规范》，并严格按照规范做事。编写了《学生成长手册》，将校纪校规、日常要求及学生安全教育常识等内容融入其中，让学生自我管理、自我约束。实施“养成教育·月成长计划”，每月一个活动主题，并以“传统礼仪教育”为重点，把每月活动主题化、序列化，让学生有目标和动力。重点打造新一届“红领巾监督岗”和建立“拾金不昧小窗口”，对学生在校各项常规行为进行定期检查与不定期抽查。同时，将检查结果贴在榜单上，每日一更新。以每周“文明礼仪班级”评选、每月一主题展示、每学期进行“少年君子”评选等方式，建立动态、及时的评价反馈机制，让学生自觉地养成文明习惯，真正由他律走向自律。学校还定期进行养成教育儿歌、养成教育礼仪比赛，举办养成教育小故事会，开展养成教育之待人接物等一系列活动，让孩子们不仅在学校里形成良好的习惯，更能在家庭生活、社会交往中具有和发展良好的习惯。

同时，注意把养成教育与班级文化建设、书香校园建设紧密结合起来。开展了用传统文化命名班级，打造特色班级文化的活动。将各班级分别命名为仁爱班、礼仪班、明德班、仁德班、志道班、游艺班、格致班等，使班班具有中华优秀传统文化的主题和特色。开展了“给你一个班，你会怎么办”的主题研讨，并统合家长资源，进行班级文化建设，让学校成为学生喜爱的家。在校园中开辟了国学教育阵地，塑立了孔子像，建设了“儒学八德”主题墙，教学楼内展示了经典名著、国学文化、名家名言，充分利用校报、校刊、广播等进行中华优秀传统文化的宣传教育，定期举办传统文化征文活动，把每年 9 月 28 日孔子诞辰日定为孔子教育思想艺术节。建设了能容纳 800 人的国学大讲堂、能容纳 100 人的国学馆以及孔子教育思想研究所等基础阵地，配备了先进的设施、优秀的人才，并积极邀请国学专家、学者前来讲学，形成了“崇德仰圣”的孔子文化氛围。学校还搭建展示的舞台，展示校园里的优秀教师、优秀家长、优秀学生，进行校园明星和班级风采展示。

干了段时间，非议来了。家长们纷纷提意见，认为把学生送到学校来就是来学习的，每天搞这个搞那个非但不能加强学习，还会让学生分心，更加不利于学习。甚至有的家长认为，这些都是形式主义的东西，对孩子一点帮助没有，纯属瞎胡闹。听到议论声，有的老师动摇了，对自己也产生了怀疑。

为了打消家长顾虑，学校专门通过家长委员会、家庭教育指导中心、家长学校、家访等形式，扩大家庭教育指导的覆盖面。连续举办家庭教育大讲堂公益讲座活动，把家庭教育送进社区，以建设良好的家风，着力推动家庭道德教育，奠定孩子们道德养成的生活基础。时间长了，孩子们变得有礼貌了，办事有秩序了，学绅士、做淑女成了每位孩子的行为目标，成绩并没有因此下降，家长们看到这种情况，也渐渐接受了这种模式。

如今漫步校园，经常可以看到：三三两两的孩子，有的拿扫把、有的拿抹布、有的擦玻璃、有的捡树叶……校园内、教室里、楼道内、台阶上，随处可见值日生在认认真真地清扫卫生。

哪怕是台阶缝隙处的一点点瑕疵，他们也要用小毛刷仔细地清理出来。这些，都是“养成教育”的成效，而且，这并非一朝一夕能练就的。

创新：孔子文化进校园

孔子把“六艺”作为重要的教学内容，即礼、乐、射、御、书、数，这正契合了今天我们倡导的德、智、体、美全面发展。或者说，孔子的教育理念开创了素质教育的先河，只不过有些教学内容已经不能适应现代社会的需求。正是在“六艺”教学的启迪下，东阿县第二实验小学大胆创新，开展了“孔子文化进校园”活动。

学校以孔子“六艺”为依托，以发展学生综合素质、彰显个性特长为目标，在充分整合校内教育资源的基础上，围绕经典诵读、民族精神、民族技艺三条主线，以开发“六艺”校本课程为载体，按照礼、乐、塑、棋、书、技的“新六艺”，对学生实施素质教育，将传统文化教育和现代素质教育结合在一起，既继承传统，又糅合新元素。在“新六艺”课程的设置与教学中，注意新六艺课程与国家课程、地方课程的协调配合，既强调全面发展，又突出发展学生个性，收到了较好效果。

（一）礼。设置礼仪课，加强中国传统美德教育、社会主义新文明风尚教育以及现代礼仪教育。以学生守则和日常行为规范教育为基础，贯彻“爱国守法、明礼诚信、团结友善、勤俭自强、敬业奉献”的基本道德规范。培养学生的亲情、友情、师生情、乡情和爱国情感，倡导集体主义精神和社会主义人道精神，树立心中有祖国、心中有集体、心中有他人的意识，以之作为礼仪教育的认知基础。坚持知行结合，以礼仪行为作为学生最基本的道德实践，以礼修德，以礼立人。

（二）乐。开设乐教课，加强和改进音乐教育，弘扬中国教育传统中“兴于诗，立于礼，成于乐”的理念，以乐成人。开展声乐和器乐基础教育，培养学生初步的演唱能力和演奏技能，让每个学生至少会演奏一样乐器（含竖笛或口琴），培养学生健康的音乐审美情趣。音乐教育与新诗教、新礼教、新武教等学科教学相结合，拓展学校艺体教育，充分发挥中华优秀传统文化以乐育人、以武育人的作用。

（三）塑。主要指根雕和陶艺两门课，这是该校的特色课程，也是学校教育的一大亮点。学校通过考察论证，就地取材，把“根雕”、“陶艺”制作列入校本课程，编写教材，建设专用教室，配齐设施，并在全校大力开展，着力培优。每月安排两节陶艺课，全校开设，锻炼孩子动手动脑的实践能力，提高孩子的艺术修养。“根雕制作”也同样是学生们动手动脑、参与实践的必修课。学校还开展校园系列文化活动，如校园“根雕文化艺术展”，“陶艺文化艺术评比”等，一批批形式、题材各异、充满稚趣的陶艺根雕作品在孩子们的手中诞生，得到了上级领导和广大师生家长的认同和支持。

（四）棋。“象棋进课堂”是该校深化素质教育的重要措施之一。在每个班每周安排一节象棋课，面向全体学生进行普及教学，并在校园投资建设“象棋苑”，为师生创设浓郁的对弈氛围，定期举行各类比赛，从而建立了广泛的象棋教育基础。自“象棋进课堂”实施以来，学生的精神面貌有了明显改善，人格塑造、品德修养上也得到很大的提高，逻辑思维能力明显提升，独立自主能力、自信心、社会竞争能力等都得到了锻炼和提高。

（五）书。设置书法课，改进写字课教学，强化中国书法教育，以之补充和拓展小学语文和艺术教育。强化书写技能训练，开展必要的书法常识教学；在硬笔书法教学的基础上，加强毛笔书法教学；在学习楷书的基础上，重视行书的学习；在临摹的基础上注意体现学生个性；在字迹工整的基础上讲求字迹协调、美观，使学生在书写和欣赏过程中受到书法美的熏陶，以书品培育人品。目前，学校已经成为县市书法家协会“书法进课堂”的示范学校。

（六）技。开设了烹饪、缝纫、洗涤、金工、木工、剪纸、修理等十几个项目，配备了专用教室和齐全的教学实践设备，形成了“集中学习、现场动手”的教育模式，由专职教师授课。开展小论文、小制作、小实验、小发明等丰富多样的科技、科普、劳技活动，以劳树德、以劳增智、以劳健体、以劳益美、以劳创新，全面提高了学生的综合素质。

该校被推荐为国家教育部“中华优秀文化艺术传承学校”。课题“名校特色研究”被教育部中国教师发展基金会确定为“十二五”规划重点课题实验学校。国家、省、市、县电视台等多家媒体多次进行了报道。

成熟：文化品牌日渐形成

在课改过程中，东阿县第二实验小学与山东大学品牌学校研究所合作进行了“中华优秀传统文化体验教育之融入现代小学教育体系研究”。在课题研究中，学校坚持教、学、做、思相结合，实施课题研究引领、带动战略，并且坚持在实践中不断总结经验，不断探索发现规律，传统文化进校园的教育理念日渐成熟，老师们的思想越来越成熟。他们意识到，要想真正让学生获得启发，就得以活动为载体，让他们动起来，参与其中。如今，很多优秀传统文化主题教育活动已经成为学校的品牌、经典，收到了良好的教育效果。

（一）开展了中华优秀传统礼仪主题教育活动。该校紧紧围绕养成教育的目标，制定了师生礼仪标准，在学校举行了“开笔礼”仪式，并开展了训练。组织学生开展以“传统文化传承”为主线的黑板报、手抄报等活动。结合“四德四心”工程，开展了“仁”“知”“勇”“三达德”，“孝悌忠信、礼义廉耻”“八德”的主题教育活动，弘扬儒家的孝悌思想。建立了“国学大讲堂”，定期由中国孔子基金会聘请国内专家为师生举办大讲堂，面对面进行交流。围绕“国学大讲堂”主题教育活动，学校组织编印了《感悟孔子》校本教材，通过每学期举行美文诵读大赛、征文大赛、举办学生手抄报、书画展等活动，提高学生对优秀传统文化的感知认知能力。

（二）开展了爱国主义教育主题实践活动。每年清明节，学校组织学生到孔繁森同志纪念馆、聊城革命烈士陵园、鱼山孙秀珍烈士墓进行扫墓活动，培养学生爱国、爱家乡的爱国主义情怀。在“中秋节”“端午节”等传统节日期间，专门组织了传统节日课程的开发和组织活动，充分提高了学生的思想道德素养和文化素质。春节、冬至等节日来临之际，利用手抄报、黑板报等形式，使学生认识到传统节日的文化内涵。同时，注意运用一些与传统节日、仪式有关的东阿历史名人给孩子树立榜样，熏陶他们形成良好的人格。开展了“我爱美丽家乡，做文明东阿人”主题教育活动，组织学生到东阿、聊城及周边地区的文化景点参观学习，增强爱祖国、爱家乡的情感。特别是以“感恩”为主题，在三八节、老人节、教师节等重大节日期间，设计了《我的成长足迹》《践行“四德”从我做起》《资助困难小学生》等特色作业，开展了“为妈妈洗脚”“为敬老院孤寡老人献爱心”等传统文化主题活动。

（三）开展了经典诵读主题教育活动。经典诵读是学习国学、传承弘扬中华优秀传统文化的基本形式。把诵读国学经典作为每个班级的必修课来对待，让《弟子规》《三字经》《四德歌》《千字文》等进课堂。每年都举办大型爱国主义教育读书活动暨“国学经典诵读”活动，开展传唱“四德歌”活动，让学生在热濡目染中接受优秀传统文化教育。以弘扬传统文化为切入点，结合东阿历史资源、风土人情，名人轶事等，编印了《寻觅慧眼》《精神家园》《美德东阿》《感悟孔子》等系列校本教材，并序列化、课程化，利用图书室借阅、大阅读课等形式让学生了解家乡风土人情、先贤名人轶事，培养了未成年人爱国、爱家乡的社会责任感。传唱“四德”歌成为该校在经典诵读方面的一大亮点。

启示与思考

东阿县第二实验小学通过近六年的探索，在青少年群体中弘扬和传承了优秀传统文化，推进了学生整体素质的提高，受到各方好评，主要有以下几点启发：

1. 定位是前提。在青少年中弘扬和传承传统文化教育，参与者首先要统一思想，明确学校办学的目的与弘扬和传承优秀传统文化的目的的一致性。在针对学校教职员工的教育中，要强调继承发扬中华优秀文化，养成以爱国主义为核心的民族精神；在培养学生个性特长教育中，要强调养成健康的审美情趣和良好的行为习惯，符合“先做好人、再做能人、后做贤人”的办学理念。只有为各方参与者明确了定位，扫清心理障碍，才能在推行中畅通无阻。

2. 创新是关键。在青少年群体弘扬优秀传统文化归根结底是文化传承与发扬的问题。在教育内容上要敢于突破束缚，有选择、有取舍，避免当前传统文化教育中存在的“泛化”倾向和与日常课堂教育的“掣肘”现象。要做到与日常课程教育互相促进，既要贯穿于德智体美各门课程之中，又要确立这门课程在教育体系中的独立地位，如孔子“新六艺”的课程设置就是在创新的基础上设置的。事实证明，符合教学规律的创新，就能促进传统文化的传播。

3. **体系是基础**。优秀传统文化内涵丰富，包含思想文化、社会文化、民俗文化等，然而当前弘扬和传承优秀传统文化的一大难题是，在当前的教育体系下，青少年获得的相关教育内容少，碎片化，难成体系，难以形成对优秀传统文化的整体认知。东阿二实小考虑了不同年龄段学生的特点，创新课程内容和形式，系统借鉴并融入优秀传统文化体系，增强趣味性，避免简单灌输与说教，同时合理确定目标，激发了学生主动学习的兴趣，成为在青少年群体中树立对优秀传统文化整体认知的有益探索。

4. **责任是保障**。东阿二实小从发展到普及再到多样化、个性化的阶段，真正实现因材施教，满足学生个性发展的需要，是六年谈经、六年解经、六年践行的结果。这绝不是一名教师、一个教研组，甚至一所学校、一届领导单枪匹马、闭门尝试所能做到的，需要市、县两级各部门不间断的大力支持和政策倾斜，需要一以贯之的坚持和隐忍，这就要求各级主管部门首先要摆正位置，将构建青少年传统文化教育体系纳入大宣传格局，纳入意识形态工作责任体系，对试点单位保持关照和扶持，以找到在青少年群体中全面推开的最优方案。

网络舆论管理的"沾化之路"

引　言

随着我国网民数量的高速增长，网络已经改变了我国社会舆论的生态环境，并形成了崭新的网络舆论场。在突发公共事件频发和网络媒介越来越深度介入的现阶段，如何认识、把握并有效引导网络舆情，维持社会和谐稳定，是各级地方政府面临的一个严峻挑战。滨州市沾化区高度重视网络舆情引导与管理工作，建、管、用并重，积极探索、大胆实践、改革创新，走出了一条党委重视、部门参与、群众监督的网络舆情管理工作的新路子。

强化舆情意识设立专门机构

随着"网络政治"的演进和阳光政府、电子政府的全面推进，特别是微博、微信等新型传播载体的广泛应用，公民的意见表达和利益诉求日益快速、便捷和多样化，互联网正以其自由、互动的独特性成为各阶层利益表达、情感宣泄、思想碰撞的舆论渠道。2007 年的重庆"最牛钉子户"、山西"黑砖窑"事件，2008 年的绥德事件、西门事件，2009 年上半年的"躲猫猫"事件、邓玉娇案、罗彩霞事件、杭州肇事案，2010 年的赵作海案、山西问题疫苗事件、河南漯河访民“被精神病”事件等相继成为人们关注的焦点，形成网络舆情热点。这一系列事件的发生表明网民参政议政和民权意识不断提高，其巨大的影响力不仅表现为对社会上重大事态发展的影响，也日益渗透到政治层面。

网络已成为民众反映民情民意，政府倾听民声、了解民意的重要渠道，如何对这些网络舆情加以有效的管理已迫在眉睫。沾化区是山东半岛蓝色经济区、黄河三角洲高效生态经济区和省会城市群经济圈“两区一圈”开发建设的主战场，全区网民总数超过 18 万，其中手机网民总数约 15 万；政府、企业及个人网站（网页）200 余家，其中有 5 家网站、论坛影响较大。为适应新形势，做好新时期宣传思想工作，牢牢掌握网上舆论管理工作的领导权、管理权、话语权，为加快经济社会发展提供思想保证和舆论支持。经党委政府研究决定，成立了全区网络舆论管理工作领导小组，并于 2010 年 3 月设立了专门机构——区网络文化办公室（隶属区委宣传部），具体负责指导和协调全区网络文化建设和网络舆论管理工作。同时，成立了全区网络舆情工作联席会，会议成员单位由区委宣传部、区网络文化办公室、区公安局、区广电局、区文体新局、区经信局等单位组成。区委宣传部作为牵头单位，多次召集召开专题会议，及时通报全区网络舆论管理工作情况，研究部署阶段性工作，共同研究解决存在的问题，初步形成了网络管理的合力，为更好地倾听民声、服务政府领导决策打下了坚实的基础。

创新思路健全新机制

沾化区网络舆论管理工作得到了区委领导的高度重视和大力支持，但总体上还处于起步阶段，与快速发展的网络形势还不适应，工作中也遇到了许多困难。一些乡镇（街道）、单位和企业对网络舆论管理工作的重要性与紧迫性认识不足，片面认为网络舆论管理工作只是宣传部门的事，推诿扯皮现象时有发生。一些领导干部习惯于传统的工作思维、行为方式，缺乏对网络基本知识的了解和掌握，不善于借助网络了解社情民意，遇有突发和负面舆情事件往往束手无策。有的涉事单位、乡镇（街道）缺乏对舆情处置知识的了解，新媒体下开展工作的方式方法滞后；有的对网上出现的负面信息听之任之，不以为然，致使在网民的不断跟帖中形成网上评论热潮，给工作造成被动；有的对于网民的合理诉求，一味要求网上删除、封堵，造成矛盾问题越积越深。三是网管队伍和技术手段相对滞后。目前，沾化区虽已成立网络文化办公室，但人员编制较少，各乡镇（街道）、区直单位也未成立专门科室或安排专职人员从事网络舆论管理工作，多为兼职或代管，工作中往往疲于应付，造成工作被动。

面对这些问题和困难，沾化区不等不靠主动破解难题，多次召开领导小组会议和联席会议，研究探索有效的工作方法。针对涉事单位思想认识不到位，处置方式不合理的问题，制定了规范的培训制度，加强对各乡镇（街道、办）、区直各部门单位负责人和广大网宣人员的培训。采取以会代训、上网交流、举办培训班等方式，适时开展互联网宣传、网络舆情应对处置等专题培训，学习掌握互联网新知识、新技术、新理念，提高其网络舆论管理的专业水平，把网络知识熟练应用到工作学习生活中。

为了提高网络舆论管理的实效性，尽可能多地透过网络倾听来自社会各阶层的声音，着力解决人民群众反映强烈的突出问题，进而提高群众工作的针对性和实效性。建立了一支覆盖面广泛的网宣队伍，积极组织开展网上正面宣传和舆论引导工作，对网民反映的问题分类引导，营造正确的社会舆论。对反映基本属实的问题，及时督促涉事单位或乡镇（街道）核查处理，并公布处理结果回应网民，疏导公众情绪。对发生的突发事件，通过召开新闻发布会、刊发新闻通稿等形式，及时发布权威信息，以正视听，引导网上舆论。对虚假信息和错误言论，积极组织网宣人员，引用相关佐证，进行批驳纠错，澄清事实，消除猜疑。同时，为了更好地与网民沟通，特别注重与论坛、贴吧等的管理人员“交朋友”，增进了解，加深感情，使之成为党委、政府工作的志愿者和同盟军，关键时刻争取其帮助，使网络舆论引导工作达到了事半功倍的效果。

拓展阵地开创新局面

当前，我们已进入“键盘时代”，“键对键”代替“面对面”，信息传播速度大大加快，如何加强网络阵地建设，是摆在当前宣传思想战线一道亟待解决的重点课题，也是工作重点。沾化区牢固树立“阵地不能丢”的忧患意识，主动作为，抢占先机，努力打造网上舆论引导主阵地。通过几年的不懈努力，已经形成了以中国沾化门户网站为龙头，以政务微博@“中国冬枣之乡——沾化”、@阳光沾化、手机报、沾化在线等为骨干的网络传播格局。其中，中国沾化门户网站作为权威信息发布平台，一方面及时有效发布一些重大的、热点的社会信息，一方面开设“网上办事”“公众参与”“政务公开”“网上信访”等栏目，对网民提出的各种问题，落实专人回复，部分专业问题转发职能单位对口处理，加紧督办，并及时公布民生诉求处置进度与结果，在推进政务信息公开、沟通社情民意方面起到了积极作用。官方微博“中国冬枣之乡——沾化”，粉丝1万多人，对涉及沾化的重大活动和突发事件，及时发布政府权威信息，至今已发布各类信息1884条，有效地引导了社会舆论。《沾化手机报》围绕全区中心工作，及时编发新闻信息，目前读者已突破12000人，成为沾化区继广播、电视、报纸、网络之后的“第五大媒体”，在社会上引起了广泛影响。这些网络媒体围绕中心服务大局，不断强化正面宣传，提升了社会影响力，已经成为全区网上正面宣传的主阵地、舆论引导的主力军。

网络舆论引导工作也初现成效，做到了网络管理体制健全、网上舆情监测制度化、舆情事件处置规范化、网民诉求回应常态化。成立了全区网络舆论管理工作领导小组和全区网络舆情工作联席会，设立了专门机构——区网络文化办公室，同时，先后制定下发了《关于加强全区网络文化建设与管理工作的意见》《沾化区突发公共事件新闻报道应急办法》《关于进一步加强舆论引导工作的意见》等文件，对新形势下网络舆论管理工作的指导思想、基本原则、工作机制、组织领导等作出了明确规范。随着移动互联网的快速发展，网络舆论管理的难度越来越大、任务越来越重，加强网络队伍建设成为做好网络舆论管理工作的重要保障。随着工作的深入开展，沾化区建立了由各乡镇（街道）、区直重点单位工作人员组成的30人网宣队伍，严格实行24小时值班制度，每天都确定专人浏览国内知名网站、论坛、贴吧、微博、微信和本地一些有影响力的网站，以及互联网各大搜索引擎，及时掌握网络舆情信息。监测发现涉沾信息后，通过编写《网络舆情专报》《网络舆情日报》等措施，及时向区领导报告，根据领导批示精神和舆情研判情况，协调和督促涉事单位、乡镇（街道）迅速核实情况，倾听民意，及时采取措施化解矛盾，将事件处理在萌芽状态。围绕与百姓关系紧密的热点话题、紧急突发性事件和社会敏感问题，及时组织涉事单位、乡镇（街道）及网络评论员开展有针对性的回应和引导，及时向网民传递准确信息，解疑释惑，取得了积极的效果，做到了网民诉求回应的常态化。

启示与思考

舆情应对要从关注民生入手。网络传播的背后渗透着公众和政府关系的良恶。利用好网络传播进行有效交流，有助于培养官民间的信任。舆情背后是民生，从与本地民众生活息息相关的公共话题入手，把握相关舆情的主流民意诉求，并把回应这些诉求融入政府的行政过程之中，这样的决策产生出来的政策也就拥有了强大的民意地盘，经得起时间的检验。对反映基本属实的民生问题，涉事单位或乡镇（街道）应及时核查处理，并公布处理结果回应民意，消除或最大程度降低负面影响。舆情应对从关注民生入手，这是网络舆情应对与引导的最大启示。

要打造网络主旋律舆论生态圈。着力打造一批形态多样、手段先进的新型主流媒体，建成几家拥有强大实力和传播力、公信力、影响力的新型媒体集团，形成立体多样、融合发展的现代传播体系。主流媒体在引导网络热点、澄清事件真相、传播正能量方面发挥着巨大的作用，必须依托传统媒体的资源优势，不断创新网络舆论平台，打造网络主旋律舆论生态圈，积极引导社会舆论，抵制西方文化中有害信息的渗透与入侵，培养公众的爱国主义精神和时代精神。

领导干部要增强网络舆论管理的前瞻性。目前，互联网正处于一个新的快速扩张期，网络新技术新应用层出不穷，各种信息网络加快融合，迫切需要各级领导干部不断学习互联网新知识，增强做好网络舆论管理工作的前瞻性、预见性和创造性。一要熟悉基本的网络知识。要全面了解我国互联网发展现状，清醒认识我国面临的复杂网络形势，学习掌握互联网新知识、新技术、新理念，把网络知识熟练应用到工作学习生活中。二要学会正确运用互联网等新兴媒体。要带头学习和运用新兴媒体，让"上网看看”“在线聊聊”“网上蹲点”成为深入基层、深入群众的职责要求。三要提高网络舆论引导能力。领导干部特别是基层干部要多抽时间上网，培养实际操作能力，在实践中学习和掌握应对复杂网络问题的技巧，提高网络思维能力和舆论引导才干，不逃避、不误导，正确引导网络舆论。

邹平县积极探索
公共文化服务新路径

引　言

2015年1月，中共中央办公厅、国务院办公厅印发《关于加快构建现代公共文化服务体系的意见》，《意见》指出，在新的形势下，构建现代公共文化服务体系，是保障和改善民生的重要举措，是全面深化文化体制改革、促进文化事业繁荣发展的必然要求，是弘扬社会主义核心价值观、建设社会主义文化强国的重大任务。如何更好地贯彻落实这一意见，是摆在文化部门面前的新课题。

近年来，邹平经济发展迅速，在山东省处于县域经济发展前列，在社会经济实现快速发展的同时，邹平大力实施“811”文体惠民工程、城乡10分钟健身圈、信息资源共享工程。经过几年的努力，全县公共文体服务体系建设走在了全国前列，被授予全国文化系统建设先进县、全国全民健身工作先进单位。

健全公共文化服务设施

1996年县城区投资1.5亿元，建设了包括文化馆、图书馆、博物馆、剧场。目前文化馆和图书馆均为国家一级馆，文化馆内建有舞蹈（综合）排练厅、曲艺声乐培训厅、美术辅导厅、录音棚等功能室，用于开展各类培训、辅导、创作、展览和表演等一系列文化活动。图书馆馆藏总量 26 万册，设有综合借阅室、报刊阅览室、自修室、少年儿童阅览室、“进城务工人员”和“老年保健”图书专架等，开通了图书借阅“信息通讯”和微信平台服务，建设了超星移动图书馆、微书房，实现电子图书借阅掌上阅读。图书馆、文化馆自免费开放以来，年接待群众达 15 万人次。

针对农村文体设施落后的状况，2008 年开始实施了“811”文体惠民工程和文化信息资源共享工程，即每年县政府投资 200 万元在全县建 100 家标准农家书屋、100 个标准文化大院、100 个标准文体广场、培训 100 名文体辅导员、建 100 支健身队伍、送戏下乡 100 场、赠送 100 套体育器材、100 套锣鼓，每年创作 10 部反映时代精神的文艺作品，每月每村 1 场电影。几年来，县政府先后投资 1200 余万元，向全县 16 个镇街 800 余个村庄和社区免费配送电脑、图书、篮球架、乒乓球台、健身路径、文体用品、广场音响、E 农影库等。目前，16 个镇（街）综合文化站（文化中心）全部达到国家三级以上标准，其中 3 个达到一级标准，5 个达到二级标准，实现免费向公众开放；村级文化大院、农家书屋覆盖率达 95%，社区综合性文化服务中心覆盖率达 60%，文化信息资源共享工程基层规范化站点覆盖率达 50%，覆盖城乡的“10 分钟”健身圈建设完成。2015 年实施农村健身设施提档升级工程，投资 150 万元为 9 个镇健身广场配备新国标室外健身器材，为 6 个镇街建起了高标准室内健身活动室，完成 80 个村健身设施的提档升级，对其健身广场进行了地面修整、硬化，配备了 560 件健身器材，城乡“十分钟健身圈”得到了有效延伸。县、镇、村三级公共文化服务网络基础设施日益完善。

激发基层文化发展活力

当夜幕降临，邹平县体育广场的“百姓舞台”就热闹起来，这边是“百姓舞台幸福歌”—七点半说评书专场，那边是在脍炙人口的音乐舞曲伴奏下，专业人员正在教群众扭秧歌，一派热闹景象。邹平80年代就是全国文化先进县，群众文化基础好，民间有一大批文艺人才，活跃着一批农民自办的经营性和业余文艺演出团队，但局限于自身条件限制，民间文艺人才数量和质量有待进一步提高。为此，在注重“送文化”的同时，邹平县在“种文化”上也下足了功夫，采取措施扶持民间剧团发展，培养民间人才，让群众担当舞台主角。每年聘请知名专家、组织专业人员深入镇、村、社区对文艺骨干进行戏剧、曲艺、美术、音乐、广场舞等培训。每年培养文艺骨干、文化站长、农家书屋管理员、文化信息资源共享工程管理员2万余人。秧歌、广场舞、腰鼓、柔力球、书画协会、戏曲协会、庄户剧团、舞龙舞狮等业余文化队伍日益发展壮大，演出能力和创作水平不断提高，全县基层公共文化人才队伍逐步壮大。在此基础上，邹平县2014年开展了“群众文化人”认定工作，对全县具有一定文化特长和爱好，热衷于群众文化活动的“群众文化人”进行登记，分类统计出歌唱、舞蹈、乐器、戏剧、曲艺等10个类别共计2600余人次，建立起了全县文艺人才库，为全面开展各项文化活动奠定了人才基础。

给文艺人才扶持的同时，还要给他们展现自己的舞台，邹平县农村戏剧艺术节、百姓舞台幸福歌、广场舞大赛等群众性品牌文化活动就是专门为广大农村戏剧爱好者搭建的舞台，场上的演员都是活跃在田间地头的农村文艺骨干。农村戏剧艺术节至今已举办了八届，艺术节期间的庄户剧团戏剧展演、京剧、吕剧票友大赛等交流活动内容丰富，深受广大群众欢迎。在此带动下，各镇街也都形成了独具特色的品牌文化，青阳的“说青阳、唱青阳、舞动青阳”、临池的“我行我塑”、孙镇的“文化走亲戚”、韩店的“经典诵读”黛溪的“社区文化节”等，在全县范围内形成了激情洋溢的品牌文化之旅。目前，全县各村庄、社区都有业余文化队伍，有的村达到了二三支，全县戏曲、腰鼓、秧歌、广场舞、舞龙舞狮、各类演唱团体、书画协会等业余文艺队伍达1000余支，计5万余人，其中仅广场舞队伍达1000余支，我县4名从事文化工作的农民分别被评为市县乡村之星，近百人获农村优秀文化人才称号，十余支文化队伍被省市评为农村优秀文化团队。为全县群众文化活动的普及提供了强大的人才保障。“扛起锄头能下地，配上行头就上台”，已成为邹平县乡村文化生活的一道亮丽风景线。

丰富公共文化产品和服务

2015年，邹平县吕剧团文化馆的演职员们天天送戏下乡演出，最多的时候一天演出4场，把吕剧、京剧、歌舞等一些群众喜欢的节目送到群众的家门口。“一村一戏”免费送戏活动是为全面贯彻落实党的十八大精神，推进社会主义核心价值体系建设，而组织实施的。该活动由县吕剧团、文化馆等组成免费送戏演出队伍，演出内容以传统戏曲剧目、歌舞曲艺类综艺节目为主。活动按照“一村一戏”的总体原则，不增加当地农民负担，实行“政府购买、院团演出、群众看戏”的方式，每场演出政府给予财政补贴，补贴外不收取任何费用。为真正将政府文化惠民政策落到实处，送戏实行“菜单式”服务，即文化主管部门事先在群众中广泛征求群众意见和建议，再确定演出时间、地点、节目单和剧目，对于偏远、分散的小型村落，采取小分队演出形式，满足群众的需求，但演出经费不减，从而真正把百姓喜欢的节目送到村里，把贴近农村实际、贴近农村生活的好剧目送到农民家门口。据统计，近年来，已免费送戏1500余场次。

丰富多彩的群众文化活动开展是文化教化作用充分发挥的有效载体，多年来，邹平县在公共文化服务体系建设过程中，将形式多样的文化活动贯穿始终。每年农民艺术节、春节文艺晚会、农村戏剧艺术节、戏曲票友大赛、广场舞大赛、“百姓舞台幸福歌”群众文化活动展演等品牌文化活动200余场次；举办夏秋广场演出、群众书法美术摄影展、群众性文化活动200余场次；在全县开展镇街品牌文化活动之旅效果显著，青阳镇的“登山文化节”、“群众文艺汇演”，高新办的“翰墨书香进万家”、码头镇的“爱在乡村、印象码头”、孙镇的梨花节、采摘节等都各具特色又有鲜明的时代印记。

设立文艺精品专项资金，实施文艺创作精品工程，大力推动文艺创作生产，创作了一批反映邹平历史文化和符合时代特色的精品力作。《陈仲子资料研究集》《范仲淹故事评传》《邹平名门望族》《邹平历史人物》《萧亭诗选》《最后的乡贤》等五十余本相继出版。创作梁邹清风——反腐倡廉警示教育文艺专场在全县范围内巡回演出，社会反响强烈。以戏曲《平民书记》《哑女告状》《铡刀下的红梅》，小品《一家人》《拜年》，歌曲《伟大的中国共产党》《军营文化天地》，微电影《月月·年年》等为代表的一大批戏曲、曲艺、音乐、影视文艺作品发表并获奖。

增强公共文化发展动力

公共文化服务体系持续健康发展，来自于文化产业的发展。邹平县在建设公共文化服务体系过程中，采取措施，积极促进文化与旅游、与农业、与文化创意、文化创业园的融合发展。编制完成《邹平县乡村旅游发展规划》，确定了南部发展“印象邹平”“山里人家”，北部发展“枣园人家”“黄河人家”的乡村文化旅游品牌，形成了天地缘酒文化博物馆、南洋红豆杉生态旅游示范园、长丰农业生态示范园等30余处文化旅游创意项目。坚持加大文物搜集、整理、挖掘、开发和保护力度，做好第一次全国可移动文物普查，收录可移动文物730套。以“5.18”国际博物馆日和“中国文化遗产日”为主题，加大文物保护的宣传工作，丁公遗址文物保护规划立项工作通过国家文物局的批准，现已委托山大文保中心编制大遗址保护规划。截至目前，全县有国家级文物保护单位1处，省级文物保护单位7处，市级文物保护单位4处，县级文物保护单位26处。加强非物质文化遗产的挖掘、整理与保护。搜集到非物质文化遗产项目线索1098条，公布县级非物质文化遗产名录73项，其中18个项目入选市级非物质文化遗产名录，孙大嫩酸浆豆腐制作技艺入选省级非物质文化遗产名录。

启示与思考

构建现代公共文化服务体系，要突出“以人民为中心”的导向，调动政府、社会、市场三方的积极性，满足人民群众基本文化需求，让广大群众共享文化发展成果。

1. 文化发展要突出“以人民为中心”的导向。随着物质生活水平的不断提高，人民群众对自身文化权益的要求和丰富有益的精神文化生活期待也越来越高，文化已经成为改善民生、提高人们生活质量和幸福指数的重要因子。在构建现代公共文化服务体系的过程中，只有始终坚持“以人民为中心”的导向，紧紧围绕基层群众对文化生活的需求，大力发展公益性文化事业，不断挖掘基层群众文化的自发潜力，充分发挥人民群众参与公共文化服务建设的积极性和主动性，才能形成群众文化生活繁荣生动的良好局面。

2. **文化发展要重在满足人民群众基本文化需求**。人民群众的文化需求是多样的，不同群体、不同地域对于文化的需求有着巨大的差异。当前，县域公共文化服务体系建设中存在着供给不足、效能不高、供需错位等突出问题。构建现代公共文化服务体系，必须满足公共性、公民性、公平性和多样性的特征。在实践中，县域应以构建兜底筑网的公共文化服务体系为目标，重点解决公共文化设施网络不健全、文化产品和服务供给不足、覆盖面不广，群众精神文化生活匮乏等突出问题，有效地保障人民群众的基本文化权益。

3. **文化发展需要调动政府、社会、市场三方力量**。构建现代公共文化服务体系，必须充分调动政府、社会、市场三方力量，形成文化发展的强大合力。坚持政府主导，以公共财政为支撑，以公益性文化单位为骨干，以全体人民为服务对象，保障广大群众参与公共文化活动等基本文化权益，完善覆盖城乡、功能健全、结构合理、实用高效的公共文化服务体系。同时，政府要担好保基本、促公平、把握正确导向的职责，给文化发展创造活动以宽松的市场氛围和足够的社会空间，通过改革创新，逐步形成政府、市场、社会共同参与格局。

菏泽城乡环卫一体化：美丽乡村展新颜

引　言

菏泽地处山东省西南部，属黄河冲积平原，地势平坦，土地肥沃，是全国著名的优质农业生产基地。全市辖168个乡镇（街道)、6000多个行政村（社区)，总面积1.22万平方公里，总人口990万人。由于农村地域广阔、农业人口众多，村镇环卫保洁和垃圾处理工作在全省一直相对落后。2014年底，菏泽市在全省城乡环卫一体化群众满意度调查中综合得分最低，八县一区全部被省城乡环卫一体化工作联席会议办公室纳入重点管理。面对严峻形势，菏泽市委、市政府从认识上剖析原因，在工作上查找差距，奋起直追，迅速打响了城乡环卫一体化全民大会战。仅经过半年多时间，在全省城乡环卫一体化群众满意度调查中，所有满意率指标全部达到95%以上，综合得分达到9.66分，列全省第4位，所有县区全部顺利通过省验收，打了一场漂亮的翻身仗，美丽乡村展新颜，和谐风景入画来，受到了广大干部群众的一致好评。

往昔·脏乱差丑

要了解城乡环卫一体化在菏泽大地上改变了什么、怎样发生的改变，就要回到城乡环卫一体化工作开始之前的菏泽农村，看一看当时农村普遍的环境状况。

改革开放以来尤其是近年来，虽然菏泽农村的经济快速发展，农民的生活质量得到了大幅改善，但乡村人居环境却呈现出不断恶化的迹象：房前屋后、田边地头各种垃圾随处可见，一阵风吹来，塑料袋满天乱飞；原来清澈见底、鱼虾成群、游泳戏水的坑塘沟渠成了垃圾场，蚊蝇滋生、水如墨汁、臭味扑鼻；废弃多年的老旧房屋无人管理，残垣断壁、乱树荒草，一番破败景象；街道任意圈占，这家占一块开垦成菜园，那家占一块搭建鸡圈鸭圈，还有的堆放砖瓦、木料、水泥板、作物秸秆等各种物料，甚至有的当街堆粪沤肥，造成了农村“草堆、粪堆、垃圾堆”等“三大堆”遍地；许多街道没有硬化、坑洼不平，大街小巷无人清扫，再加上没有排水设施，各种污水横流——农村好像成了被文明遗忘的角落，人们魂牵梦绕、“桃花源”式的美丽乡村难以寻觅。随着垃圾堵路围河、污水随意排放等农村“垃圾围村”现象愈演愈烈，农村生活环境日益恶劣，“晴天一身土、雨天一身泥”，“垃圾靠风刮、污水靠蒸发”，“家里现代化、屋外脏乱差”，成为菏泽一些农村生活环境的真实写照。

菏泽农村环境卫生状况的恶化，是全省乃至全国农村的一个缩影，是诸多因素共同影响的结果。长期以来，公共财政对农村投入不足，导致公共基础设施薄弱，尤其是环卫设施短缺，没有专门的垃圾收集、运输及处理系统。原来农村垃圾量少、成分简单，又有积肥、沤肥的传统习惯，大部分垃圾可以自然降解。但随着经济社会发展、农民收入增加、农业技术更新，农村的消费方式和生活习惯发生了显著变化，农村积肥传统逐渐消失，加之化工产品在农民生产生活中的应用越来越广，人均垃圾产生量也快速增加，大量生活垃圾长期暴露在田间、地头，无法自然降解，只能越积越多。这些垃圾污染土壤、空气和水系，严重威胁群众健康，农村环境已到了非大力治理不可的地步。

这时的农民群众，虽然期待优美宜居的生活环境，热切期望自己的村庄能像城市一样干净整洁，让老人、孩子都能生活在一个令人愉悦的环境中。但另一方面，由于祖祖辈辈的生活习惯，家中人畜杂居、农具柴火乱放、院内牛羊粪便遍地、茅房连着粪坑、屋里家具杂乱无章等现象普遍，到农民家中映入眼帘的，常常是一床烂棉絮、一绳脏衣服、一地烂鞋子、一锅面疙疤，脏乱差丑。但许多农民群众从思想上认为，“农村不比城市，农村有农村的样儿，脏有脏的魅力，乱有乱的方便”，对乱扔乱倒、乱堆乱放不以为然，反而习惯成自然，更不会有人费力把环境卫生作为一件大事去抓，农村公共环境呈现出无人管、管不了的乱象。

村民·热切期盼

一直以来，中央对农村发展非常重视，近年来随着社会主义新农村建设的推进，已将优化农村人居环境摆上更加重要的位置来抓。在2013年中央农村工作会议上，习近平总书记指出，“小康不小康，关键看老乡”，“中国要美，农村必须美”。李克强总理就改善农村人居环境做出重要批示，指出“改善农村人居环境承载了亿万农民的新期待”，要“有序推进农村人居环境综合整治，加快美丽乡村建设”。住建部等10部委据此开展了农村生活垃圾治理工作，计划在5年内使全国90%村庄的生活垃圾得到有效处理，并分批次对各省市进行检查验收。

山东省是全国较早开展农村生活垃圾治理工作的省份之一，早在2011年就相继启动了乡村文明行动、农村环境集中连片整治、生态文明乡村建设等工作。尤其是2014年以来，省委、省政府提出，2015年底前全省实现城乡环卫一体化全覆盖的总体目标，建立联席会议制度，下发工作意见和全覆盖认定办法，对全省132个县市区逐一审核认定。截至2014年底，山东全省已有78个县市区通过全覆盖认定，而菏泽市成为唯一一个尚没有县区通过全覆盖认定的市。

面对严峻形势，菏泽市委、市政府痛定思痛，正视差距，自加压力，充分认识到：城乡环卫一体化是一项惠民利民的大工程，穷则穷干、富则富干、不能不干！凡事不干则已、干则必成！2015年初，针对城乡环卫一体化基础差、起步晚的工作现实，菏泽市委书记、市长亲自主持召开会议，把加快推进城乡环卫一体化列为“一把手”工程，市、县、乡逐级签订目标责任书，做到了级级有责任、人人有担子。同时，市级结合省直部门重点督导县区制度，建立了市级领导和市直部门督导联系县区制度；县（区）级实行了领导干部包村、县（区）直部门帮扶工作法，县级领导包乡镇，科级干部包村，各县（区）直单位组建工作组进驻村居，放弃节假日、休息日，全面清理农村积存垃圾。

然而意想不到的是，在工作之初，驻村工作组沉下去了，群众的热情却没有高涨上来，很多时候是“干部热火朝天地干，群众冷眼旁观地看”，个别群众不光不动手，还指手画脚地看笑话，这边儿还不干净、那边儿还很脏。我们干部辛辛苦苦为群众出力流汗，为啥群众不理解？改善群众自己生活环境的事情，群众自己为何不积极？我们憨厚朴实、吃苦耐劳的农民群众，到底怎么了？——这些问题成了包村干部心中打不开的结，在全市加快推进城乡环卫一体化的关键时刻，必须有明确的答案。为走出

"干部干、群众看"的困境，入户走访、电话调查、宣传发动，各式各样摸民情、察民意、鼓民劲的方法充分用了起来。经过深入细致的群众工作，我们把住了群众的脉，摸准了群众的心思，原来群众是这么想的：有的说，现在的农村环境是几百上千年形成的，靠我们一年两年的努力根本改变不了，怎么干都是徒劳无功；有的说，农村脏乱差就是因为穷，只要经济发展了、大家富起来了，卫生自然就上去了，现在搞环卫太早了；还有的说，你们来帮我们打扫卫生是好事，但是最多干3天，上头检查完了你们就撤了，村里没人管，回头还是老样子……群众的意见提得很尖锐，大家心中却是一亮，原来群众不是不想干，是怕干不好、干不长。这时大家终于意识到，推进城乡环卫一体化工作，农民群众是受益者、更是参与者，如果单纯靠党委、政府整治环境，靠乡镇干部几个人打扫卫生，群众没有真正参与进来，就难免出现"县区高度重视、乡镇积极配合，村居被动应付、群众袖手旁观"的尴尬局面，活动开展得再轰轰烈烈，也难收既定的效果，难以得到群众的认可。

行动·科学赶超

改变农村一时的面貌很容易，改变农民群众千百年来形成的落后卫生习惯却很难。彻底改变农村的环境状况，是一场关于农民群众生活习惯的自我革命，是一场改变人们思想行为方式的看不见硝烟的战争，但这又是一场必须打赢的战争！要想取得胜利、后来居上，必须找准症结，科学施治，不甘人后，奋力赶超。因此，菏泽市在推进城乡环卫一体化过程中，不让基层干部唱独角戏，更不搞命令式推动，而是充分发挥村两委作用，用群众认可欢迎的方式、科学有效的方法，办他们最关心、最想办、办了最高兴的事，引导他们树立"自己家园自己建、自己环境自己管”的理念，不等不靠、积极参与、主动作为，以主人翁的姿态，绘就美丽乡村新画卷，打造幸福生活新风景。

为全面发动群众，菏泽市利用媒体、村庄、先进典型三个层面，构建了城乡环卫一体化的立体宣传格局。一是营造媒体舆论氛围。动员市、县两级广播、电视、报纸等传统媒体和大众网、文明网等网络媒体，集中行动起来，设置专栏、专题，充分利用“牡丹茶座”、“大众论坛”、微博微信等新型传播方式，深入宣传城乡环卫一体化的重大意义和具体要求，确保每天都有新动向、新报道。二是打造村庄宣传阵地。各级采取发放明白纸、出动宣传车、刷写墙体标语、绘制墙体彩绘、悬挂宣传横幅等方式，宣传城乡环卫一体化有关知识，每个村都在主干道设置了3条以上的宣传标语，努力做到家喻户晓。三是发挥引领示范作用。市级计划用一年时间，打造1000个“美在庭院、美在乡村”示范户，引导群众养成良好生活习惯；县、乡、村各级开展了多种形式的美丽乡村、美丽农家评选活动，以点带面、以小见大、以先进带后进，实现城乡环卫一体化的全民参与。

在广泛发动的基础上，菏泽市坚持农村和城中村一起抓，以县区为主导，以乡镇办事处和交通、水利、公路等部门为主体，迅速组织开展了一场以“清三堆、清死角、清河塘、清白色垃圾”为主要内容，声势浩大的存量垃圾围歼战。广大基层干部深入一线、埋头苦干，村民群众为他们“真干事、干实事”的精神所感动，自发地一个又一个加入了清理垃圾的队伍。在短短半年的时间里，全市群众自愿出义务工134万人次，清运、处理垃圾近300万吨，做到了不留死角、不留盲区，“脏乱差”现象和垃圾围镇、围村问题得到有效解决。与此同时，各级党委、政府多渠道筹措资金，在2014年全市投入4.7亿元的基础上，2015年追加投资3.5亿元，共建成运行垃圾中转站179座，配置封闭式垃圾箱1.5万个、垃圾桶26.6万个，购置垃圾清运车辆1555台，健全完善了生活垃圾收运处理体系。目前，菏泽农村已经形成了以市场化运作为主，县（区）环卫主管部门延伸管理或乡镇（街道）自我管理为辅的环卫保洁模式，近2万名环卫从业人员每天把全市所有村庄至少清扫一遍，环卫中转设备收储垃圾日产日清，有效保障了农村生活垃圾无害化处理，真正实现了城乡环卫一体化村镇全覆盖。

如今，很多当初认为城乡环卫一体化是瞎折腾、走形式，拒绝清垃圾、拒绝搬秸秆的老人都成了村里的卫生义务监督员，随时准备着对乱丢垃圾、破坏环境的行为进行严厉的批评教育。用他们的话说：“这是全村人全心投入换来的成果，来之不易，不能白白浪费掉。”

今日·绽放新颜

目前，通过实施城乡环卫一体化，菏泽农村积存垃圾得到彻底清理，村容村貌焕然一新；农村垃圾处置体系基本建成，生态建设夯实基础；农村居民环境意识明显增强，生活习惯逐步转变；群众满意度明显提高，干群关系日益密切，取得了良好的社会效益。

如今，漫步在菏泽的农村，农作物秸秆在村头整齐堆放，曾经的“三大堆”不复存在，大街小巷畅通整洁，每走几十米就有一个绿色的垃圾桶立在村民的房前屋后，无论田间地头还是沟渠坑塘都难寻垃圾的“踪影”，整个乡村散发出一种渗透到角角落落的干净优美。

在环境发生改变的同时，村民的环卫意识也发生着深刻的变化，“生活垃圾入桶”“严禁乱扔乱倒”“秸秆集中存放”等内容被写进“村规民约”，悄然演化为每一位村民的共识。正像一位村民所说的那样：“过去街上脏，随手扔垃圾是‘破罐子破摔'，现在村里干净了，要是再不把垃圾扔到垃圾桶里，都觉得是一件丢人现眼的事儿。"

农民的思想认识水平、文明素养，影响着他们的传统习惯、行为方式和生活质量。在农村环境卫生改善的同时，菏泽各级党委、政府不断健全城乡环卫一体化长效机制，深化乡村文明行动，大力弘扬优秀传统文化，全面推进文化惠民工程，丰富群众精神文化生活，加强思想道德建设，组织文明村、文明户和"好婆婆""好媳妇"评选活动，开展移风易俗和讲文明树新风活动，抓好"新农村新生活"培训，乡村生活方式深刻变革，农民文明素养大为提升，广大干部用自己的"辛苦指数"换取了农民群众的"幸福指数"。

启示与思考

1. 领导重视是前提。实施乡村文明行动，推进城乡环卫一体化，直接关系群众利益，政治性强、标准要求高，是摆在各级领导干部面前的一道难题。俗话说，老大难，老大难，老大一抓就不难。领导重视不重视，是难题能否被很好解决的前提条件。对城乡环卫一体化工作，一些经济欠发达县区解决得很好，少数经济发达县区却没有解决好，可见这不是经济强不强的问题，而是想不想干的问题，关键在于主要领导重视不重视、用心不用心、研究不研究、推动不推动，针对这种情况，必须下大力气解决了各级领导干部尤其是党政"一把手"的态度和认识问题，真正把加快推进城乡环卫一体化列为"一把手"工程，党政"一把手"带头抓、亲自抓、靠前抓，才能确保城乡环卫一体化工作强力持续推进。

2. 部门联动是关键。城乡环卫一体化是一项系统工程，量大面广，任务繁重，牵扯到方方面面，涉及很多部门单位。只有实现了上下级党委政府之间、各职能部门之间的相互连接和信息共享，明确各级各部门的目标任务、职能分工，建立健全责任落实和压力传导机制，在工作部署、人员组织、财力安排上，统筹协调、通力合作、配合联动，才能形成城乡环卫一体化的大合唱。必须充分发挥各职能部门优势，沟通联系、密切协作，集中资源、攻坚克难，上下“一盘棋”，凝聚加快推进城乡环卫一体化工作的整体合力。

3. **真抓实干是根本**。工作不是吹出来的，关键在于脚踏实地、埋头苦干。事实证明，在党的各项事业发展中，只要我们肯干、真干、扑下身子干，就没有攻克不了的困难、没有拿不下来的阵地。城乡环卫一体化具有长期性、反复性、艰巨性的特点，是长年、长期、长效的工作。各级各部门领导干部必须深入各镇村、带头抓落实，率先垂范、身先士卒，脚踏实地、真抓实干，不辞辛苦、任劳任怨、甘于奉献，用自己的身影推动工作的顺利开展，用辛勤的汗水换取群众的“幸福指数”。

4. **群众参与是基础**。实施乡村文明行动，推进城乡环卫一体化，是惠及全市人民特别是农村居民的民心工程。群众满意不满意，是检验城乡环卫一体化工作成败得失的关键和标准。广大群众作为城乡环卫一体化的主体，既是受益者，也是参与者，更是主力军。城乡环卫一体化工作没有群众的广泛参与、大力支持，想做好很难，即使暂时做好了，稍有放松也很容易反弹。工作推进中，必须不断激发广大群众建设美好家园的热情，取得广大群众的拥护和支持，让广大群众以主人翁的姿态，掀起城乡环卫一体化工作全民攻坚战，为美丽乡村建设提供不竭的源泉。

欠发达地区美丽乡村建设的实践探索

引　言

改革开放30多年来，农村发生了翻天覆地的变化，农民群众从改革发展中得到了实实在在的好处，对党、对改革开放、对中国特色社会主义充满了感情。过去的农民关心吃饱穿暖，现在的群众则追求美中有乐，对生活有了新的期盼，期盼文化生活更加丰富、道德风尚更加文明、社会治理更加有序。

近年来，菏泽市曹县积极顺应农民群众对精神文化生活的新期待，大力加强文明村镇建设，各项工作取得良好成效，梁堤头镇荣获第四届全国文明村镇称号，成为全市乃至全省文明村镇建设的榜样。作为欠发达地区，如何积极推进美丽乡村建设，需要大家认真分析研究。

典型引领，一个镇的文明创建实践

2011年，山东省委、省政府出台关于在全省建设乡村文明行动的实施意见，曹县梁堤头镇积极抓好贯彻落实，坚持把农村精神文明建设作为新农村建设的重要内容，大力实施文明创建工程，着力推进文明乡村、美丽乡村建设，群众满意度连续两年位居全县第一。

（一）提升文明程度。重点实施六大工程：一是群众文化生活提升工程。2012年以来，全镇利用三年时间，投资600万元，普及了农家书屋和文化广场，覆盖36个行政村，惠及4.5万余名群众，实现了全镇娱乐场所、健身场所双覆盖工作目标；全镇所有行政村都打造成乡村文明行动示范村，美化了乡村环境，倡树了社会新风；每个村都建成文明一条街和道德讲堂，各村、各学校、各企业都设立“四德榜”并及时更新；投资150万元，配备音响器材、舞蹈服装，成立民间艺术组织22家，举办文艺演出100余场，开展送文化下乡活动320余次。二是道德模范创建工程。评选好公公、好婆婆、好媳妇、好儿女等道德模范200余人次，并公开予以奖励，使道德新风融入千家万户。三是移风易俗工程。完善以红白理事会、道德评议会、村民议事会为载体的村民自治体系，累计发放“破除陈规陋习，倡树文明新风”倡议书2万余份。四是道德教育工程。通过增加开设次数、扩大覆盖面、丰富教育内容等措施，大力推进公民基本道德行为40则，深入开展核心价值观教育，开设“道德讲堂”200多场，参与群众15000余人次，实现了道德教育工作常态化。五是“新农村、新生活”培训工程。培训农民2万人次，教育引导农村家庭骨干特别是农村妇女，掌握居家美化、亲子教育、文化娱乐、身心保健等方面的知识和技能。同时，致力农村文明习惯养成，围绕“文明生活，从我做起”主题，开展了文明出行、文明用餐、文明办事、文明环境等系列活动。六是结对帮扶工程。以联村联户为载体，组织镇直各机关部门，与全镇36个行政村挂钩结对帮扶，镇干部包村、村干部包户，做到了村村到、户户访。同时，积极探索政府搭台、商会倡议、企业参与的共建模式，开展“名企联村、共树文明新风”活动，动员全镇企业，与36个行政村、78个自然村结对共建，以社会化手段推进了文明创建。

（二）优化人居环境。利用三年时间，对6个行政村进行了旧村改造，村内全部实现了绿化、亮化、硬化，各项服务设施一应俱全，实现了人口居住集中化、土地经营集约化、社会服务一体化。镇党委、政府投资2000万元为全镇群众新打1眼深水井，铺设了贯穿各村的自来水管道；新修道路27公里，全镇各自然村均实现了公路村村通；安装路灯近2000盏，实现了夜间亮化全覆盖；组建37支保洁队伍，配备人力保洁车100余辆、中转车10辆、垃圾清运箱1500个，建设垃圾中转站1处，实现了城乡环卫一体化；规划开发黄河故道旅游区，打造了一条环境优美的风景线。

（三）营造和谐氛围。实施“天网”工程，投资180万元，安装了视频监控系统。实行联防联治，共筑防范网络，加强日常巡逻，2014年以来全镇未发生1起恶性刑事犯罪，一般性刑事案件同期下降55%，群众对社会治安的满意度达98%。搞好农村矛盾纠纷排查调处，各村均制定了村规民约，建立了村民议事会、道德评议会、计划生育协会、禁毒禁赌会、红白理事会等群众组织，提升了农民的自我教育、自我管理水平。

（四）强化保障措施。成立文明建设领导小组和文明办，制定实施方案和考核办法，定期召开会议，推动了文明创建工作扎实开展。加大宣传力度，层层组织发动，充分调动了广大人民群众的积极性，形成了党委政府重视、广大群众关心、社会各界关注的浓厚氛围。狠抓考核调度，出台奖惩办法，周通报、月总结、年表彰，提高了创建水平。不断增加资金投入，充分争取“一事一议”财政奖补，号召在家、外出能人捐款捐物共同建设家乡，实现了“小投入、大收益、得民心”。

全面铺开，千村遍开文明之花

梁堤头镇的文明村镇建设，只是曹县精神文明建设的缩影。

在曹县古老的大地上，文明新风正在吹响，文明村镇建设如火如茶，重点着力实施城乡环卫综合整治、道德文化建设、未成年人成长关爱等“三大工程”。

（一）城乡环卫综合整治工程。一是树典型，推进乡村文明行动。结合镇村实际，按照因地制宜、分类实施的原则，将1177个行政村按照3∶3∶4的比例划分为示范村、达标村、环境整治村三类村进行建设，所有行政村均达到了县级文明村标准。其中，庄寨镇被评选为第一届全省乡村文明行动建设示范镇，青菏办事处入选“全省文化特色建设示范镇”，张梅庄村、十三村等10个村入选“全省乡村文明家园示范村”，曹县被评为2014年度全省乡村文明行动建设先进县。二是强措施，推进城乡环卫一体化。完善配套设施，配备垃圾压缩中转站24处、大型密闭式垃圾运输车24辆、小型垃圾运输车352辆、人力保洁车3197辆和垃圾桶30958个；累计清理垃圾1.4万余吨，彻底清除了“三堆”和存量垃圾；完善乡镇领导小组、环卫所、卫生责任片区、行政村“四级”监督管理网络，常态化运行模式初步形成，城乡环卫一体化工作顺利通过中央、省市督导组检查验收。三是优环境，深化移风易俗活动。2014年、2015年，相继开展了以“文明新风进万家”“弘扬先进典型、倡树文明新风”等系列活动，大力倡导移风易俗，所有行政村均建立了红白理事会、道德评议会、禁毒禁赌协会等村民自治组织，签订《破除陈规陋习，倡树文明新风》承诺书30万余份，发放移风易俗倡议书30万余份，组织召开移风易俗座谈会5500余次。各村都建成乡村文明一条街，设立政策宣传栏、村务公开栏、科技知识普及栏等设施，做到了处处有文明、时时受教育。四是抓文化，拓展文化惠民覆盖面。全县建成乡镇综合文化站27处、文化大院1177处，建设高标准农家书屋380处、基层综合性文化服务中心100处，安装有线电视13.7万户。发展“庄户剧团”12家，群众业余文艺队伍1000支，组建农村电影放映队45支，组织培训基层文化人才60次、3000人。广泛开展“千场公益演出送基层”、文化科技卫生“三下乡”、科技文体法律卫生“四进社区”等活动，送戏下乡2500余场，放映公益电影5.5万余场，配送流通图书下乡3万余册。五是搞培训，形成良好社会风尚。成立领导小组，组建培训讲师团，召开培训会议，县财政拨付专项经费，成立乡镇宣讲团队27支、村级宣讲队1100余支，县、镇、村三级培训网络不断健全。突出“美在庭院、美在乡村”、“健康教育”等内容，抓好“新农村新生活”培训，共举办讲座280余场，培训妇女9万余人次。

（二）道德文化建设工程。一是加强宣传教育。把“讲文明树新风”公益广告、“图说我们的价值观”宣传、“遵德守礼”提示牌等宣传教育，列入精神文明建设工作要点，并作为对各村镇年度考评的重要内容。与全市“双联双创”、全县党员干部联系服务群众等工作相结合，开展村风村训研讨宣讲、家风家训大家谈、好家风好家训竞赛等活动。深入开展中国特色社会主义和中国梦宣传教育，组织各类宣讲300余场，受众达15万人次。二是推进“四德”建设。将“四德榜”建设覆盖到自然村居、学校、重点企业，公开评选“四德”人物、身边好人，并以村为单位建立评选档案，作为评选全县最美家庭、孝贤之星、最美曹县人的重要依据。截至目前，曹县实现了“四德榜”行政村全覆盖，80个县直单位、300处中小学、40处重点企业建立了高标准的橱窗式“四德榜”。三是办好道德讲堂。目前，全县村村建有道德讲堂，经常把道德模范、身边好人、优秀志愿者请上讲台，开展讲孝道、讲诚信、讲互助、讲公德“四讲”活动，每月至少宣讲1次，已累计达5万余次。四是大力评选道德模范。开展好媳妇、好婆婆集中表彰27次，表彰模范人物达1100余人次；入选中国好人榜3人，评选“曹县好人”10人；举办

“德耀曹县”百名道德模范颁奖典礼，表彰模范人物100人；与生活困难道德模范结对帮扶，落实资金5万余元；组织先进典型事迹进乡镇、学校、企业巡回报告27场次，县电视台播放先进典型事迹90余期。五是搞好志愿服务活动。利用春节、清明、端午、中秋、重阳等节日，广泛开展文明祭扫、“我们的节日”、关爱留守儿童、情系夕阳等志愿服务活动，打造了“曹县义工联盟”“曹县供电公司善小志愿者服务队”等志愿服务品牌。

（三）未成年人成长关爱工程。围绕核心价值观教育，广泛开展“我的中国梦”主题教育、优秀童谣征集、“童心向党”歌咏比赛等系列实践活动。围绕道德实践，以重大纪念日和节庆日为契机，组织“学习雷锋，做美德少年”网上签名寄语、童心向党歌咏、“向国旗敬礼，做有道德的人”网上签名寄语等主题实践活动，学生参与率达80%以上。净化文化环境，开展网吧和游戏场所专项督查900余次，开展反邪教科普宣传、法制报告进校园活动达300余场次。争取建设“乡村学校少年宫”6个，做到了一校一品牌，为未成年人成长提供了有力支持。

启示与思考

美丽乡村建设要以尊重群众意愿为前提。尊重群众意愿，是坚持党的群众路线的根本要求，也是实现干事创业目标的前提条件。在文明乡镇创建、美丽乡村建设中，必须以尊重群众意愿为前提，落实以人为本、执政为民的理念，真正做到把群众需求放在最高位置，充分调动广大农民群众的积极性、主动性、创造性，引导广大农民群众为建设美好家园和幸福生活而努力，使之真正成为美丽乡村的建设者和受益者。

美丽乡村建设要以提高村民道德素质为目标。建设文明乡村、美丽乡村，必须特别注重农村的道德建设，大力提升农民的道德素质，通过积极打造宣传思想文化阵地、选树弘扬身边好人好事、提升四德工程建设水平、丰富群众性道德实践活动，创新道德教育形式、培训内容和活动载体，丰富农村精神文化生活，提升群众道德素质，培育符合道德建设新要求的现代新型农民。

美丽乡村建设要以整治环境卫生为手段。整治环境卫生，农民群众看得见、摸得着、反映强烈，是推进美丽乡村建设的最直观、最基础、最有效的手段。推进环境卫生整治，要从百姓反映强烈、也最容易取得实效的农村环境问题入手，大力开展村庄脏乱差问题整治，整体推进沿路、沿河、沿景区的环境综合整治，成片推进河道水环境综合治理，巩固城乡环卫一体化工作成果，形成长期有效管理的工作机制。

美丽乡村建设要以生态文明建设为根本。“绿水青山，就是金山银山。”建设生态文明关系人民福祉、关乎民族未来，是实现经济社会实现科学和谐发展的重要依托。推进美丽乡村建设，要始终秉持科学发展的理念，既注重经济增长的指标，又注重人文生态的指标，努力变自然资源为经济资源，真正做到经济建设与生态建设同步推进，产业竞争力与环境竞争力一起提升，为广大群众和子孙后代留下可以永续发展的生态环境。